I0231489

www.ingramcontent.com/pod-product-compliance
Lightning Source LLC
Chambersburg PA
CBHW032022040426
42448CB00006B/699
9781685682781

شري مريناليني ماتا
الرئيسة والقائدة الروحية السابقة لـ
Self-Realization Fellowship/
Yogoda Satsanga Society of India

شري مريناليني ماتا

إظهار الوعي الإلهي
— في —
الحياة اليومية

Self-Realization Fellowship
FOUNDED 1920 BY PARAMAHANSA YOGANANDA

كلمة حول هذا الكتاب: تم نشر المحاضرات في كتاب إظهار الوعي الإلهي في الحياة اليومية *Manifesting Divine Consciousness In Daily Life* في الأصل من قبل Self-Realization Fellowship في مجلتها الفصلية، Self-Realization، التي أسسها برمهنسا يوغانندا في عام ١٩٢٥.

تم نشر العنوان الأصلي باللغة الإنكليزية
بواسطة Self-Realization Fellowship، لوس أنجلوس (كاليفورنيا):
Manifesting Divine Consciousness in Daily Life

ISBN: 978-0-87612-352-2

ترُجم إلى العربية بواسطة Self-Realization Fellowship

حقوق النشر محفوظة لـ Self-Realization Fellowship © ٢٠٢٥

Copyright © 2025 Self-Realization Fellowship

جميع الحقوق محفوظة. باستثناء الاقتباسات الموجزة في مراجعات الكتب، لا يجوز إعادة إنتاج أي جزء من إظهار الوعي الإلهي في الحياة اليومية *Manifesting Divine Consciousness in Daily Life* أو تخزينه، أو نقله، أو عرضه بأي شكل، أو بأي وسيلة (إلكترونية أو ميكانيكية أو غير ذلك) معروفة الآن أو سيتم ابتكارها فيما بعد — بما في ذلك النسخ والتسجيل أو أي نظام لتخزين المعلومات واسترجاعها — دون إذن كتابي مسبق من الناشر:

Self-Realization Fellowship, 3880 San Rafael Avenue,
Los Angeles, California 90065-3219, U.S.A.

بترخيص من مجلس النشر الدولي التابع إلى
Self-Realization Fellowship

إن اسم وشعار Self-Realization Fellowship (المبينين أعلاه) يظهران على جميع كتب وتسجيلات ومطبوعات أخرى صادرة عن Self-Realization Fellowship، مما يؤكد للقارئ أن المادة المنشورة مصدرها الجماعة التي أسسها برمهنسا يوغانندا وأنها تنقل تعاليمه بصدق وأمانة.

الطبعة العربية الأولى، ٢٠٢٥
First edition in Arabic, 2025
هذا الإصدار، ٢٠٢٥
This printing, 2025

ISBN: 978-1-68568-278-1

1548-J8704

محتويات الكتاب

الجزء الأول
دروس عملية في إظهار الوعي الإلهي
في الحياة اليومية ٨

الجزء الثاني
بركات الكريا يوغا
في الحياة اليومية ٥٢

إظهار الوعي الإلهي في الحياة اليومية

الجزء الأول

دروس عملية في إظهار الوعي الإلهي

الوعي الإلهي في الحياة اليومية

ملخص لمحاضرة ألقتها مريناليني ماتا في أوكلاند
خلال زيارة إلى مراكز *SRF* في أستراليا ونيوزيلندا

إنه لشرف عظيم أن أكون هنا في بلدكم الجميل، وأن أحييكم جميعاً، تلاميذ المعلم الملائكي برمهنسا يوغانندا، في منتصف الطريق حول العالم. وبغض النظر عن المكان، وبغض النظر عن الجنسية، فإن كل فرد يتبع هذه التعاليم هو جزء من أخوة واحدة من النفوس الباحثة عن الله. وكما قال لنا معلمنا في كثير من الأحيان: "أنتم جميعاً أيها المريدون بمنزلة عائلتي. وحتى بعد رحيلي، هناك العديد والعديد من المريدين الذين لم يأتوا بعد سيأتون من أقاصي العالم. أنا أعرف من هم، وسوف يجذبهم الله لكي يسْعوا إليه ويتعرفوا عليه. سيشعرون بيقظة إلهية عظيمة ومحبة إلهية فائقة تقودهم إلى هذا الطريق لتحقيق ذلك الهدف."
إن أمنيتي الوحيدة التي في قلبي، وصلاتي العميقة هي أن أنقل إليكم – وأن أترك في قلوبكم وعقولكم ونفوسكم – شوقاً أعمق

إلى الله، ووعياً أعمق لحقيقة حضوره، وقرب كل واحد منا من ذلك الكائن اللامتناهي.

إن الذين أنعم الله عليهم بالتواجد بالقرب من برمهنساجي وجدوا فيه تجسيداً حياً لكل المُثل الروحية، وكل الأهداف الروحية التي كانت قلوبنا تتوق إليها، وكل ما كنا نتخيله في أعمق أفكارنا المتلهفة لمعرفة اللامتناهي. خلال السنوات التي قضيناها في تلقي إرشاده وتدريبه في الصومعة، توصلنا إلى فهم ما يعنيه حقاً البحث عن الله ومعرفته. إنني متأكدة من أن معظمنا وجد أن مفاهيمنا المسبقة عن الحياة الروحية قد تغيرت مع مرور السنوات. رأينا أن السعي إلى الله لا يعني إنكار الحياة. بل بالأحرى كان وما زال أكثر المساعي البشرية واقعية من الناحية العملية. فالمريد الذي يقترب أكثر فأكثر من الله لا يصبح إنساناً منعزلاً أو غريباً. بل على العكس، عندما يبدأ المرء في الشعور بوحدة النفس مع الله، يصبح أكثر الأشخاص توازناً.

ولا يعني أيضاً اختبار المعجزات أو مراكمة القوى الخارقة. في كثير من الأحيان عندما يبدأ الناس في التفكير في البحث عن الله أو اتباع مرشد روحي، يفعلون ذلك مع توقعات بظواهر وأحداث خارقة. يعيش البشر في معظمهم على سطح الحياة فقط. فتركيزهم محصور في الوجود المادي، وأقصى ما يصل إليه تفكيرهم هو الرغبات والتعلق بالأشكال الخارجية، مفكرين: "يجب أن أحصل على هذا وذاك من أجل أن أعيش، وأن أبقى على قيد الحياة، وأن أنشئ عائلتي". أما فيما يتعلق بالسعي إلى الله، فعادةً ما يكون الموقف على النحو التالي: "يا رب، أنا أطلبك

الآن؛ لذلك، دع حياتي تمتلئ بالمعجزات، ودع كل مشاكلي تتلاشى، وكل أحزاني تختفي. عندما أصلي إليك، استجب لي على الفور واشفِ هذا الجسد من أمراض الحياة وآلامها. وعندما آتي إلى معلم روحي، أريد أن أراه يصنع المعجزات التي قرأتُ عنها في الكتاب المقدس والكتب الروحية."

عندما أُرسِلَ المعلم [برمهنسا يوغانندا] إلى الغرب لأول مرة من قِبل معلمه ومعلِمي معلمه (بار امغوروز)[1] بأمر من الله لجلب تعاليم اليوغا، كان يقدّم عروضاً علنية لقوة الله والإمكانات اللامتناهية للعقل والإرادة، تماماً كما فعل المسيح في أيامه. لكنّه قال لنا فيما بعد "كان الناس يطلبون الشفاء للجسد، أو يطلبون مني الصلاة من أجل النجاح في أعمالهم. ولكن بعد أن شفيت أجسادهم أو وجدوا أعمالهم تتحسن، نسيوا الله. لقد ظلوا على السطح، ولم يبحثوا أبداً عن شيء أعمق". لذلك توقف في السنوات اللاحقة عن تقديم مثل تلك العروض. لقد أراد أن يركّز على المثل الأعلى الحقيقي لرسالته، وهو أن يوقظ في كل قلب

١ "المعلم" هو لقب ينم عن الاحترام وغالباً ما يستخدمه التلاميذ عند الإشارة إلى برمهنسا يوغانندا. يشير اللقب إلى الذي بلغ السيادة الذاتية. وهو مكافئ للمصطلح السنسكريتي التقليدي غورو *Guru* الذي يشير إلى المعلم الروحي للشخص.

البار امغورو paramguru هو معلم المعلم الروحي للشخص. ويشير مصطلح بار امغوروز إلى خط معلمي SRF الشبيهين بالمسيح وهم سري يوكتسوار ولاهيري مهاسايا وماهافاتار باباجي – الذين تم وصف حياتهم في كتاب برمهنسا يوغانندا مذكرات يوغي *Autobiography of a Yogi*.

منفتح ومتقبل محبة عميقة لله وتشوقاً إليه، حتى يصبح الله الحقيقة الجوهرية في حياة كل واحد.

في كثير من الأحيان عندما يقول لي المريدون: "اذكري لنا قصصاً عن المعلم"، فإنهم يتوقعون أن يسمعوا عن الشفاء المعجز والقوى الخارقة. المعلم كان يمتلك تلك القوى؛ وقد رأيته يُظهرها مرات عديدة. لكن ما عرفته هو الآتي: لقد كانت قوة ذلك المعلم أعمق بكثير، وأعظم بما لا يقاس من أي عرض للقوى الخارقة للعادة. كان يمتلك القدرة على الارتقاء بحياة البشر وتحويلها [روحياً] بشكل دائم.

فكر في المئات، وربما الآلاف، من الذين رأوا في زمن يسوع المسيح قوى الله الخارقة التي أظهرها في حياته. كم من هؤلاء الآلاف كانوا مع المسيح عند الصليب؟ كم عدد الذين تغيَّروا، وتحوَّلوا حقاً في الروح – بحيث استطاعوا في ساعة آلام المسيح أن يقفوا عند الصليب مع الذي كانت محبته لله عميقة جداً لدرجة أنه استطاع أن يتحمل كل الاختبارات، وكل معاناة الخيانة والصلب؟ لم يكن هناك سوى عدد قليل. معظم الناس يبتعدون عن الطريق الروحي عندما "يجدّ الجد" لمعرفة الله والعثور عليه وترسيخ وجوده في حياتهم.

إن أعظم معجزة يمكن لأي معلم أو نبي أن يقوم بها هي أن ينتشل إنساناً غارقاً في أوهام الخداع (مايا) وفي الرغبات والتعلقات الأنانية واضطرابات هذا العالم، وأن يلمس تلك النفس بحب الله الذي سيعطي معنىً حقيقياً وهدفاً جديراً بالاهتمام وغايةً روحانية لحياته.

المعنى الحقيقي للدين

لو تسنى لكم أن تكونوا في حضرة معلمنا المبارك، لرأيتم أن أكثر قوة خارقة أظهرها هي: الحب الإلهي لله، والحب الإلهي المنبثق من الله، الذي كان يتدفق من عينيه ومن خلال كيانه بأسره. لقد رأيتُ كيف غيّر هذا الحب حياتي وحياة كل من كان حوله. لقد جعل الله الحقيقة الأعظم والشيء الأهم بالنسبة لنا في هذا العالم. وحتى اليوم، أرى كيف أن هذا التحوّل يحدث في حياة كل طالب باحث يتبع تعاليمه بصدق وإخلاص، وبالتالي يدخل في هالة حضوره الحي ووعيه الأبدي.

لقد جاء المعلم الملائكي إلى الغرب بتدبير إلهي خاص، تلقاه من السيد المسيح والعظماء: لإعادة الحياة إلى الدين، ولإيقاظ المعنى الحقيقي للدين. فبدلاً من التركيز على الهياكل الخارجية لأماكن العبادة علَّمنا كيف نبني هيكلاً داخل أنفسنا، حيث نذهب إليه يومياً لنتأمل بعمق في الله، ونكرّس كل يوم لخدمته. لقد علّم أن الدين يجب أن يكون اختباراً فعلياً لحضور الله، وليس مجرد كلمات أو تعاليم كتابية. كان يقول: "أنا لا أطلب منكم أن تؤمنوا إيماناً أعمى. ولا أطلب منكم أن تقبلوا أي عقيدة أو مذهب. لكني أقول لكم هذا: إذا مارستم وطبّقتم هذه التعاليم مع أساليب التأمل فسوف تلمسون في أنفسكم حضور الله وحقيقة الكلمات التي أقولها لكم."

لذلك، في حديثنا الليلة، أريد أن أتكلم عن معلمنا الروحي، أريد أن أتطرق إلى الجانب العملي من حياته – الممارسات الفعلية

التي علّمها والتي تأتي بالله إلى حياة الشخص. فهو بدأ في تدريبنا على أساسيات المسار الروحي. لقد ورد في الكتب المقدسة الهندية أن الغرض الأساسي من الدين هو الارتقاء بالإنسان إلى وعي الغبطة أو النعيم (الذي هو الله) عن طريق التخلص من معاناة الإنسان الثلاثية – الجسدية والعقلية والروحية – [باستئصالها] من جذورها، حتى لا تكون هناك فرصة لتكرارها.

وللتخلص من هذه المعاناة، يجب على المرء أن يعرف أسبابها. إن كل المعاناة وسوء الفهم، وانفصالنا عن الله، هو نتيجة لـ مايا، أو الوهم الكوني الذي يظهر في الفرد بصورة الجهل. إذا أردنا أن نعرف الله، وإذا أردنا أن نسلك الطريق الذي سيوصلنا إلى تلك الحالة السامية من الوعي التي تجعلنا نتجاوز كل المعاناة، فعلينا أن نعرف كيف نتخلص من الجهل بطبيعتنا الحقيقية: أرواح إلهية – خالدة، وسعيدة، وحرة.

في هذا الجسد المادي، وبهذا العقل المقيّد بالجسد، يأخذ الجهل أشكالاً عديدة، وله تفرعات متشعبة، وهو دقيق وغير ملحوظ للغاية. إذا أردنا تفكيكه وتحليل كيفية التغلب عليه، سنصل إلى التعاليم ذاتها التي منحها لنا معلمنا من خلال الحياة اليومية في الصومعة. وهذه تنطبق على الجميع، سواء كانوا يعيشون في العالم أو في أحد الأديرة.

تجاوز ما تحبه
وما تكرهه النفس

إن أحد أشكال الجهل الذي يصيب وعي معظم الناس هو أن نكون عبيداً لما نحب وما نكره. هل ندرك مدى تحكّم هذه الميول في حياتنا؟ إن الكثير مما نقوم به نفعله ليس بدافع معرفة ما هو الصواب أو ما هو الخطأ، بل بدافع الانجذاب غير المنطقي أو النفور غير العقلاني اللذين نحس بهما في داخلنا. إن أحد المبادئ الأساسية للحياة الروحية هو أن نتعلم الارتقاء فوق هذه الأمور المكروهة والمستحبة التي تنتمي إلى الـ أنا أو الإيغو المقيَّدة بالجسد، من أجل السماح بظهور قدرة النفس الفائقة على التمييز.

هذا لا يعني إنكار الحياة أو التوقف عن الاستمتاع بالأشياء. إنه يعني أن تتوقف عن التقيّد بالعادات التي تخلقها مشاعر الانجذاب والنفور، والتي تديم فيك الوهم بإنك كائن بشري محدود وخاضع للفناء.

كان المعلم يقول لنا: "يجب أن تتذكروا أنكم مخلوقون على صورة الله. ولكن هل صورة الله هي هذا الجسد الصغير والعقل والحواس الخمس المحدودة جداً والتي لا تختبر سوى قدر ضئيل للغاية [من الحقائق]؟ لا، ليس كذلك؛ فصورة الله فينا هي الروح. العقل والجسد البشريان ليسا سوى أداتين خارجيتين تعبّر الروح عن ذاتها من خلالهما. ستظلون دائماً مقيدين بالجهل ومحدودين بالجسد والحواس إذا سمحتم لها بأن تملي عليكم، كأن

يقول أحدكم: "أنا أحب هذا، وبالتالي أفعل هذا. وأنا لا أحب ذلك، وبالتالي لن أفعل ذلك."

سأعطيكم توضيحاً بسيطاً لكيفية تعليمه لنا. هناك نوع من الطعام في الهند، صحي للغاية يسمى كاريلا أو القرع المُر. لقد كان المعلم يحبه جداً، كما وجدت أن معظم الهندوس مولعين به، وكثيراً ما كان يقدمه في الصومعة. كان من الصعب عليّ أن أستسيغه. كنت أعلم أنه من المفترض ألا يكون لدينا ما نحبه وما نكرهه، فلم أُخبر المعلم بذلك.

في أحد الأيام بينما كنا نأكل معه في غرفة الطعام في صومعة إنسينيتاس، كان يقدم هذا القرع المر. لم أكن على ما يرام في ذلك اليوم. كنت أشعر بألم في معدتي. ففكرت، "حسناً، هذا عذر جيد. اليوم ليس عليّ أن آكله. سأخبر المعلم ببساطة أنني لست على ما يرام، وبالتالي سأكون معذورة.". لذلك عندما بدأ في تقديم بعض الطعام لي، رفضت وقلت: "لديّ ألم شديد في المعدة. أفضل ألا آكل هذا."

قال: "أوه، لديك ألم في المعدة؟"

قلت: "نعم يا سيدي."

قال: "لا تقلقي، تعالي إلى هنا". فنهضت من مقعدي وذهبت إليه. أخذ يدي في يديه وقال: "الآن انظري إليّ، انظري في عيني. خذي نفساً عميقاً. والآن ازفري. لقد زال ألم المعدة، أليس كذلك؟" وفعلاً زال الألم على الفور.

قلت : "نعم، يا معلم."

قال: "الآن يمكنكِ أن تأكلي. هيا، تناولي الطعام!"

لكن ذلك لم يكن نهاية درس القرع المرّ! ففي وقت لاحق كان يقدمه مرة أخرى، وأعتقد أنني في ذلك اليوم شعرت بجرأة كبيرة، إذ عندما بدأ يعطيني حصة وافرة، قلت له: "يا معلم، أعطني القليل فقط. فأنا لا أحب هذا القرع المر."

قال: "أوه، لا تحبينه؟"

قلت: "أجل، لا أحبه يا معلم."

عندها دعا أحد التلاميذ ليُحضر له صحناً كبيراً، وقام بوضع كل القرع المر في ذلك الصحن وناوله لي، قائلاً: "اجلسي وكلي". وكان عليَّ أن أجلس وآكل صحن القرع المر كله.

الدروس التي أعطاها لنا المعلم كانت بسيطة ومباشرة، وكان لها تأثير محرِّر ورائع علينا. وسرعان ما تعلمنا أن أي شيء كان يقوله لنا كان مهماً، بما في ذلك التوجيهات التي كانت تبدو عادية أو أكثر التعليمات بدائية. لقد وجدنا أنه في كل حالة، وفي كل تفاعل له معنا، كان يعمل على استئصال جذور الجهل، والتي غالباً ما تكون مدفونة في أعماق وعينا. لم يكن يتعامل مع ما كنا نقوله، بل مع أفكارنا، ومع مستوى الوعي الذي كان يتمركز فيه كياننا. لقد كان يرشدنا خطوة بخطوة في طريقنا نحو التوسع الإلهي والحرية.

لم أقل للمعلم المقدّر مرة أخرى أنني لا أحب شيئاً ما! لقد تعلمت، كما تعلمنا جميعاً، أن نسيطر على عواطفنا ومشاعرنا. يجب أن يكون تمييز نفسنا دائماً سيد أفكارنا ومشاعرنا ورغباتنا. يمكنك أن تتعلم ذلك من خلال البدء بـ "القرع المر" في حياتك الخاصة. شجع نفسك على عمل الأشياء الصغيرة التي يجب

عليك القيام بها ولكنك لا تحب القيام بها، وقم بأدائها مفكراً: ''أخيراً، هذا ليس بالسوء الذي تصورته. بل هو جيد بالنسبة لي.'' ابدأ بأشياء صغيرة وستجد كيف أن نفسك ستصبح أكثر تحرراً على نحو تدريجي.

إيقاظ قوة الإرادة الإلهية في النفس

من الأسباب الجذرية الأخرى للمعاناة، والتي تسمح للجهل بأن يتحكم في حياة المرء، هو الافتقار إلى قوة الإرادة، وعدم استخدام الهبة الإلهية: الإرادة التي وهبها الله لنا والموجودة في كل نفس. معلمنا لم يؤكد فقط على استخدام قوة الإرادة لفعل ما يجب عليك فعله، ولكنه صاغ أيضاً عبارة "قوة اللا إرادة" – وهي القوة التي تستخدمها لمنع نفسك من فعل تلك الأشياء التي لا ينبغي لك فعلها. لقد علّم (وأظهر في حياته الخاصة) أن كل إنسان، كونه مخلوقاً على صورة الله، يمتلك في داخله شرارة من إرادة الله اللامتناهية. ولذلك، يمكننا أن نفعل أي شيء نركّز فكرنا عليه إذا كنا متناغمين مع تلك الإرادة الإلهية.

إذاً، بالإضافة إلى "هذا يعجبني" و "ذلك لا يعجبني"، هناك عبارة أخرى لم يسمح لنا المعلم بقولها أبداً وهي "لا أستطيع". فكان كلما طلب منا أن نفعل شيئاً ما، لم يقل لنا أبداً: "هل تعرفون كيف تفعلون هذا؟" بل كان ببساطة يكلفنا بعمل معين ويقول لنا: "افعلوا هذا". وكان جوابنا دائماً، "نعم يا معلم". بعد ذلك، كان الأمر متروكاً لنا لمعرفة كيف سنقوم بذلك.

لقد علّمنا العديد من الطرق لنطوّر بها قوة الإرادة. كنت لا أزال أذهب إلى المدرسة عندما التقيت بالمعلم، وأنهيت السنوات الثلاث الأخيرة من دراستي في مدرسة عامة في إنسينيتاس بينما

كنت أعيش في الصومعة. كان الأمر صعباً بالنسبة لي لأنني كنت أرغب في البقاء مع المعلم، لأخدمه طوال اليوم. في ذلك الوقت كان يتنقل ذهاباً وإياباً بشكل متكرر بين ماونت واشنطن وإنسينيتاس للتحدث في معابدنا في سان دييغو ولوس أنجلوس، وأردت أن أكون قادرة على الذهاب معه – لكن ذلك لم يكن ممكناً، إذ كان عليَّ الذهاب إلى المدرسة. في تلك الأيام، كان هناك عدد منا نحن المريدين في المدرسة، وكان يتوقع منا جميعاً أن نسعى جاهدين للحصول على أعلى الدرجات في فصولنا. كان يقول إنه إذا كان بإمكان الناس في العالم أن يمتلكوا الطموح للوصول إلى القمة، فلماذا لا ينبغي لأولئك الذين يحبون الله أن يُظهروا أسمى المُثُل في حياتهم ويحققوا أسمى الإنجازات؟ وكان يقول لنا: "كل ما يستحق أن نفعله يستحق أن نفعله بطريقة جيدة."

في إحدى المرات، دعا المعلم الملائكي المريدين في الصومعة في إنسينيتاس للقدوم إلى لوس أنجلوس لحضور بعض المناسبات الكبيرة هناك. ثم التفت إليّ وقال: "لكن لديكِ امتحاناتكِ التي ستبدأ في اليوم التالي. هذه مهمة للغاية. يجب أن تبقي في الصومعة وتقومي بمذاكرة دروسكِ."

شعرت بحزن كبير وبانكسار قلبي، فقلت: "لكن أرجوك يا معلمي أن تدعني أذهب. فإن سمحت لي أعدك بأنني، بعد انتهاء هذه المناسبة، سأبقى مستيقظة طوال الليل للمذاكرة. وعندما نعود إلى إنسينيتاس في الصباح، سأذهب مباشرة إلى المدرسة. لكنني سأقضي الليل كله في المذاكرة."

نظر إليّ المعلم للحظة ثم قال: "حسناً. يمكنك أن تأتي."

فذهبنا إلى لوس أنجلوس وحضرنا المناسبة في المدينة، ثم توجهنا إلى المركز الأم. كان الوقت متأخراً جداً عندما وصلنا في الساعة الواحدة صباحاً على الأقل. ذهبت إلى غرفتي في الطابق العلوي، في حين بقي المعلم في الطابق السفلي يتحدث مع بعض الرهبان. كنت أعرف أنني إذا جلستُ فسوف أغفو. فقلتُ في نفسي: "لا، لقد وعدتُ المعلم بأنني سأقضي هذه الليلة في المذاكرة تحضيراً للامتحان." لذلك وقفت واستندت إلى الحائط ورحت أدرس والكتاب في يدي.

لا بد أنها كانت حوالي الساعة الثالثة صباحاً عندما صعد المعلم إلى الطابق العلوي. طرق على الباب، وعندما فتحه رآني واقفة هناك أدرس. فقال لي: "يا مسكينة، الوقت متأخر جداً، أنتِ بحاجة إلى الراحة. لماذا لا تذهبين للنوم الآن؟ نامي واحصلي على قسط من الراحة."

فقلت في نفسي: "يا سلام. سيُعفيني المعلم من هذا الوعد الذي قطعته له." ثم فكّرت: "طيّب، ولكن عليّ أن أقوم بدوري. يجب ألا أستسلم بسهولة، وأن أثبت له أنني على استعداد للوفاء بوعدي."

قلت: "لا يا سيدي. لقد وعدتك بأنني سأقضي بقية الليل في السهر والمذاكرة إذا سمحت لي بالمجيء." وكنت أفكر: "من المؤكد أنه سيقول الآن: 'لا حاجة لذلك، خذي قسطاً من الراحة الآن.'" لكنه نظر إليّ وقال: "هذا جيد." ثم أغلق الباب وتركني.

قضيت بقية الليل أراجع واجباتي المدرسية بضمير حي. وفي اليوم التالي، عندما حضرت الامتحان، وبفضل بركات

المعلم وجهودي وإرادتي، حصلت على أعلى درجة في الصف.

بهذه الطرق، درّبنا معلمنا الجليل على عدم الاستسلام لضعف الجسد البشري. وإذا رآنا نتراخى في أي وقت، كان يقول لنا صراحة وبنبرة صوته التي كانت تقوّمنا على الفور: "ما هذا [التراخي]!". لقد كان يذكّرنا بما علّمنا إياه: "إن في خنصر كل واحد منكم طاقة – ذرية وكهربائية وإلهية – تكفي إذا ما أُطلِقت، لتشغيل مدينة شيكاغو لمدة ثلاثة أيام. وتقولون أنكم متعبون؟ أو أنكم لا تستطيعون فعل هذا ولا تستطيعون فعل ذاك؟ الإرادة هي الدينامو الذي يستمد قوته من هذه الطاقة، وهذه الطاقة اللامتناهية هي في داخلكم."

المعلم نفسه كان لا يعرف الكلل. لم يبدُ عليه التعب أبداً. كان يخدم طوال ساعات النهار والليل دون تفكير في الجسد. لم يكن يعرف الوقت. كان أكثر ما رأيناه يعطي راحة لجسده لمدة ثلاث أو أربع ساعات في الليل. وحتى خلال تلك الفترة، لم يكن ينام بالطريقة العادية. كان يقول: "تظنون أنني أذهب إلى الفراش وأخلد للنوم. لكنني أثناء ذلك أرتفع في الوعي اللامتناهي."

نحن الذين كنا نخدم مع المعلم كان علينا أن نعمل بنفس الوتيرة. ذلك كان تمريناً عظيماً لإرادتنا. في بعض الأحيان كنا نعمل طوال عشرين ساعة في اليوم، أو حتى على مدار الساعة. لقد حصلنا على برهان رائع في حياتنا وأدركنا كيف أن قوة الله تسند وتقوّي جسم وعقل من يخدم عن طيب خاطر ويستبقي على الشعور بالحضور الإلهي.

ليس من الضروري أن يعيش المرء في دير أو صومعة

لتطبيق هذا المبدأ. فأينما كان موجوداً، يمكن أن تتشبّع حياته بهذا الإدراك: "من الله جئت. وبقوة الله المباشرة أحيا. إن إرادتي وحياتي وحيويتي ليست سوى قدر ضئيل للغاية مقترض من قوة الله غير المحدودة. ومن أجل ذلك أنا أفكر فيه وأتذكّره خلال أداء كل واجبات الحياة وإنجاز كل ما تتطلبه ظروف حياتي. إنني أشعر بقوة الله اللامتناهية تلك التي في داخلي، فهي تتدفق من خلالي، وتتنفس من خلال أنفاسي، وتخدم من خلال يديّ، وتفكّر من خلال أفكاري. وفي نهاية المطاف سأذوب مرة أخرى في ذلك الإله اللامتناهي بعد أن يكون هذا الجسد البشري الصغير قد أدى دوره في الحياة."

من خلال كل هذه الدروس، كان المعلم يعلّمنا بالقول: أوقظوا القوة الإلهية التي في داخلكم لتساعدكم في التغلب على إيحاءات الجهل الوهمية والمحدودة التي تجعلكم تقولون: "أنا هذا الجسد الصغير، أشعر بهذا الألم، وأشعر بهذا المرض. لا يمكن لجسدي أن يفعل هذا لأنه يعاني. يجب أن يكون لجسدي ملابس دافئة لأن الطقس بارد. ويجب أن يحصل جسدي على نوع معين من الطعام لأن لدي مشكلة في معدتي." تذكّر أن العقل والإرادة هما مقر قوة الله في داخلك. مارس تلك القوة الإلهية واجعلها تزداد قوة باستخدامها، وسترى كيف أنها ستصبح حقيقية في حياتك.

الاتزان العقلي: التغلب على قوة ثنائيات الوهم الكوني (مايا)

الطريقة الأخرى التي يبقينا فيها الوهم الكوني (مايا) في جهل بطبيعتنا الإلهية، محققين أنفسنا مع الجسد المادي ومحدوديته، هي من خلال ثنائيات الحياة المتناوبة دائماً دون توقف. هذا الخلق كله مبني على مبدأ النسبية، أو الازدواجية: الموجب والسالب، الفرح والحزن، السرور والألم، النور والظل، والحياة والموت. في وعي الشخص المتماهي مع العالم المادي، يسبب اختبار هذه الأضداد اضطراباً في الأفكار والمشاعر. الكتب المقدسة تعلّمنا أن حضور الله منعكس في كل واحد منا على هيئة النفس التي هي ذاتنا الحقيقية. وكثيراً ما أعطى معلمنا هذا التوضيح: "إن انعكاس القمر يبدو مشوَّهاً في بحيرة تعصف بها الرياح؛ وبالمثل، فإن صورة النفس المنعكسة في الجسد لا تُرى بوضوح في عقل مضطرب ومقيد بالحواس." ولكي تنعكس صورة الله بشكل كامل، يجب أن تكون بحيرة وعي الإنسان ساكنة تماماً، غير مضطربة بفعل عواصف الحياة المتمثلة في الثنائيات والنسبيات المتغيرة باستمرار.

بطبيعة الحال، التأمل ضروري للحفاظ على هذه السكينة

الداخلية.[٢] البهاغافاد غيتا تعلّمنا أن الطريقة الوحيدة لإدراك الله أثناء الانخراط ظاهرياً في الحياة هي ممارسة الاتزان العقلي. وهذا يعني أن نُبقي بحيرة وعينا غير مضطربة بالانفعالات العاطفية عند مواجهة ثنائيات الحياة الحتمية. هذا لا يجعل منا أشخاصاً آليين، بلا مشاعر. لا أعرف إنساناً أظهر استمتاعاً كبيراً بالحياة، ومشاعرَ عميقة من الحب الإلهي والتعاطف والمواساة، مثل معلمنا. لقد كان شعوره عميقاً بأفراح الحياة وأحزانها، لكنه كان يقول: "حتى عندما أختبر هذه الأشياء ظاهرياً، يبقى ذهني محتفظاً دوماً بالصفاء الذي فيه تظهر صورة الله ووعيي ككائن واحد مكتمل."

معظم الناس لا يدركون مدى قيامهم باستمرار بتقييد سعادتهم وحريتهم من خلال المبالغة في ردود فعلهم تجاه الثنائيات المتناقضة التي يواجهونها في الحياة اليومية. على سبيل المثال، الحرارة والبرودة – كيف أن الجسم يتأثر بشدة الحرارة والبرودة! اليوغيون في الهند يختبرون قوة اتزانهم العقلي بتحمّل أقصى درجات الحرارة أو البرودة دون أن يسمحوا لوعيهم أن يضطرب؛ وكثيراً ما جعلَنا المعلم نمارس ذلك في الصومعة.

في السنوات الأخيرة من حياته، أمضى المعلم الموقَّر الكثير من الوقت في خلوته في الصحراء، يعمل على كتاباته. وهناك قام

٢ "عندما ننزع الأفكار المضطربة من بحيرة العقل باستخدام أساليب التأمل، نبصر نفوسنا التي هي انعكاس كامل للروح الإلهي، وندرك أن النفس والله واحد." – برمهنسا يوغانندا

بالقدر الأكبر من ترجمته للبهاغافاد غيتا وشرحها.[٣] كان يملي علينا، وكان أحدنا يجلس أمام الآلة الكاتبة ويدون كلماته. في بعض الأحيان كان يعمل لساعات طويلة جداً في النوبة الواحدة – النهار بطوله، وعادةً ما كان يعمل حتى وقت متأخر من الليل.

كان هناك مجمع صغير مسوّر بالقرب من هذه الخلوة الصحراوية، وبعد أن ينتهي المعلم من عمله، كان يقول: "تعالوا الآن نتمشى حول هذا المجمع تحت النجوم والقمر." الجو في الصحراء يمكن أن يكون بارداً جداً أثناء الليل، أقل بكثير من درجة التجمد. أحياناً كان الطقس بارداً للغاية على نحو استثنائي. كنا نعيش في جنوب كاليفورنيا ولم يكن لدينا الكثير من الملابس الشتوية. ذات ليلة خرجنا في حوالي الساعة الثالثة صباحاً للمشي. كنت أرتدي معطفاً، وأخذت بطانية ولففتها حولي. كان المعلم يرتدي سترة صغيرة فقط. كان يمشي وهو يستنشق الهواء النقي ويطفح بالحيوية؛ أما أنا فكنت أرتجف بشدة! كان الجو بارداً لدرجة أنني بالكاد استطعت المشي! أخيراً، بعد المشي حول المجمع عدة مرات، فكرت: "حسناً، هذا بالتأكيد يكفي." لكنني لاحظت أنه بدأ بالمشي مرة أخرى، فقلت: "يا معلم، الطقس بارد جداً، فهلا عذرتني؟ أود أن أذهب إلى الداخل."

فقال: "بارد؟! انظري إليّ، أنا لا أشعر بالبرد. لماذا تسمحين لعقلك أن يتقبل فكرة البرد؟" وكنت آنذاك قد أوعزت فعلاً لعقلي بفكرة البرد، لذلك واجهت صعوبة في التغيير. واستمر شعوري

٣ *God Talks With Arjuna: The Bhagavad Gita – Royal Science of God Realization* (من منشورات Self-Realization Fellowship)

بالتجمّد طوال ما تبقى من تلك المشية حول المجمع.

في مساء اليوم التالي تذكرت ذلك الدرس، وفكرت: "لم يكن المعلم يشعر بالبرد. لقد قال إن الأمر كله في العقل، لذلك سأقول لعقلي بأنه لا يوجد برد." لكنني شعرت برغبة قوية للنظر إلى مقياس الحرارة أثناء خروجنا من الباب الخلفي. كان الجو أكثر برودة مما كان عليه في الليلة السابقة – وزادت برودة الريح الأمر سوءاً، لأن الريح كانت تهب بقوة لدرجة أنه كان من الصعب المشي بعكس اتجاهها. لكن هذه المرة كنت قد قمت بتهيئة عقلي، إذ أكدت لنفسي: "لا، الجو ليس بارداً. سأستمتع بهذه التجربة. سأفكر في الله وفي روعة السماء والنجوم والقمر في حضرة معلمي."

في تلك الليلة تمشينا في الخارج لمدة ساعة تقريباً، ولم أشعر بالبرد على الإطلاق. فمجرد هذا الإيحاء البسيط للعقل أحدث الفرق. إذاً الإيحاء يعمل، وأعلم أنه يعمل. إن كان بإمكاني القيام بذلك، فيمكنكم جميعاً القيام بنفس الشيء. تعلّموا إيحاء الأفكار الإيجابية لعقولكم. وليكن الإيحاء قوياً. آمنوا بذلك عند الإيحاء وستدركون المعجزات التي يصنعها في حياتكم. وستجدون كيف تصبحون سادة أجسامكم وعقولكم.

لقد كان المعلم عملياً للغاية، وكان يقول: "إذا كنت تشعر بالبرد وكانت هناك مدفأة متوفرة، فقم بتشغيلها – أو ارتدِ معطفاً! وإذا كنت تشعر بالحر، وكان بإمكانك تشغيل المروحة، فافعل ذلك. ولكن لا تسمح أبداً للعقل أن ينزعج أو يكتئب إذا لم تتمكن من تغيير هذه الظروف."

قوة العقل والموقف الصحيح
في مواجهة الألم

يجب أن يتعلم اليوغي أيضاً الحفاظ على قوة العقل عند التعامل مع المرض والمعاناة الجسدية. ربما يكون هذا أحد أصعب الاختبارات، لأنه عندما يكون اليوغي في الجسد، يصبح من الصعب تطبيق فلسفة أن المادة غير حقيقية، أو إدراك ''أنا لست الجسد.'' في تلك اللحظة تشعر بأنك مرتبط جداً بالجسم المادي!

لقد أوضح لنا المعلم كيف ينبغي للمرء أن يتفاعل مع المعاناة والألم الجسدي – الاحتفاظ بحالة نفسية غير مضطربة والتسليم لله والإيمان به، مع بذل الجهد باستمرار لتدريب العقل كي يمارس قوته على المادة وعلى الألم أيضاً.

يُقال إن القديسين والمعلمين العظماء – أولئك الذين وحّدوا أنفسهم مع الله – لديهم القدرة على تحمّل الآثار الكارمية لأفعال الآخرين الخاطئة، واستهلاك تلك الآثار في أجسادهم. يمكن مقارنة ذلك بحالة شخص ضعيف للغاية على وشك أن يضربه شخص قوي للغاية. إذا وقف شخص قوي آخر أمام الشخص الضعيف فإنه يستطيع تحمّل الضربة التي لا تؤثر عليه كثيراً، بينما قد تقضي الضربة على الشخص الضعيف.

معلّمنا امتلك هذه القدرة على مساعدة النفوس الأخرى والتخفيف من أعبائها. لقد رأيته يفعل ذلك مرات عديدة؛ وهو

نفسه قال لنا: "لقد أخذت على عاتقي كارماكم جميعاً، وكارما كثيرين غيركم". كان المريدون من جميع أنحاء العالم يكتبون إليه ويطلبون منه الشفاء. ولا زلت أتذكره وهو يقرأ هذه الرسائل في الصباح الباكر. كان يجلس متربّعاً على كرسيه في حالة تأمّل، ويصلّي بعمق من أجل كل واحد منهم. في مثل تلك الأوقات كنا نرى في بعض الأحيان ظهور قدر بسيط من أعراض المرض على المعلم، وقد حوّلها بنعمة الله وقوته من أحد الأشخاص الذين طلبوا مساعدته إلى جسده.

مع اقتراب نهاية حياته، أخبرنا المعلم أن الله قد حذّره من أنه قد أخذ بالفعل على جسده الكثير من الكارما من الآخرين. وقال: "الأم الإلهية تقول لي أنه يجب ألا آخذ المزيد." لكنني لم أرَه قط يرفض أي شخص. لم يستطع ذلك.

لم يكن المعلم يتحمل كارما الأفراد الذين طلبوا مساعدته فحسب، بل كان لديه أيضاً القدرة على تحمّل ما يسمى بالكارما الجماعية[٤]. النفوس العظيمة جداً يمكنها أن تفعل ذلك؛ ولهذا السبب استطاع يوحنا المعمدان أن يقول عن يسوع أنه "يرفع

٤ "الكارما المشتركة لفئات من الأفراد – مجموعات اجتماعية أو عرقية أو أممية على سبيل المثال – أو العالم ككل، تشكل كارما جماعية للأرض أو لأجزاء منها... مخزون الكارما الجماعية الجيدة الناجمة عن العيش بتوافق مع القوانين والقوى الإلهية يبارك بيئة الإنسان الأرضية بالسلام والصحة والرخاء. أما الكارما الجماعية السيئة المتراكمة فتتسبب في الحروب والأمراض والفقر والزلازل المدمرة وغيرها من المصائب." – برمهنسا يوغانندا.

خطية العالم". على سبيل المثال، خلال الحرب الكورية التي بدأت في عام ١٩٥٠، في بعض الأحيان، أثناء وجودنا مع المعلم الملائكي، كنا نسمع كلماته وهو في حالات السمادهي العميقة وهو يصرخ من الألم عندما كان يشعر برصاص الرشاشات في جسده، وبمعاناة أولئك الفتيان الذين كانوا يموتون في ساحة المعركة البعيدة. لقد مرَّ بتجارب مماثلة خلال الحرب العالمية الثانية – وكذلك في أواخر الأربعينيات من القرن العشرين عندما كانت هناك فيضانات كبيرة ومجاعة في الهند. أثناء دخوله حالات السمادهي، كان يشعر بوحدته مع البشرية المنكوبة، ويختبر بنفسه تلك الآلام والمعاناة حيث سمح الله له بتحمّل الكثير من عبء الكارما الجماعية من أجل تخفيف آلام وظلام البشرية.

معاينة الوعي الإلهي الذي يمكن بواسطته تجاوز المعاناة

أتذكر أنه عند انعقاد أول اجتماع عالمي لنا في المركز الأم في عام ١٩٥٠، كان المعلم يواجه صعوبة خاصة في ساقيه. لم يكن قادراً حتى على الوقوف أو المشي دون الشعور بألم شديد، لذلك تم الترتيب لنقله في سيارة إلى ملعب التنس حيث كان من المقرر عقد الاجتماع. كنا جميعاً نشعر بالقلق متسائلين: "كيف سيتمكن من الصعود إلى المنصة لإلقاء كلمته؟" عندما انطلقت السيارة ثم توقفت، كنا نحن الذين نعرف الصعوبات التي كان يعانيها جسده في ذلك الوقت نحبس أنفاسنا بقلق. فُتح الباب ونزل المعلم من السيارة فشهقنا جميعاً في نفس الوقت، لأنه بدا حقاً أن المعلم لم يكن يمشي بل يطوف، وبالكاد كانت قدماه تلامسان الأرض وهو يشق طريقه صعوداً إلى المنصة.

وقف هناك لمدة ساعتين وتحدث إلى الناس. ثم حيّا جميع الحاضرين وبقي لساعات طويلة جداً بعد حديثه. بعد ذلك، عندما عاد إلى غرفته، قال لنا كلنا: "لقد كانت هذه واحدة من أعظم تجارب حياتي. انظروا كيف تُظهر لكم الأم الإلهية عدم حقيقة الحياة وتناقضاتها المتبادلة! من جانب واحد، ترون كيف أن هذا الجسد يعاني؛ ومن الجانب الآخر ترون أنني في ترفّع تام [عن الألم]. إنني في أحضان الأم الإلهية، ولا أعرف هذا الجسد أو معاناته على الإطلاق.

لقد اعتاد المعلم أن يقول لنا: ”حياتي لها وجهان، مثل وجهيّ العملة المعدنية.“ من أحد الوجهين كان يدرك دائماً أن كل الخليقة – جسمه، وأجسامنا، وهذه الغرفة، وهذه الطاولة، وهذا الكرسي، وكل الأشياء – مصنوعة من ذلك الوعي الإلهي اللامتناهي الذي لا حدود له، ولا ألم أو معاناة فيه. إنه بفعل الإيحاء الذي دمغ الله به الخليقة يقوم الوهم الكوني أو مايا بتقسيم الوجود اللامتناهي إلى أشكال محدودة منفصلة ظاهرياً ويجعلها تبدو حقيقية. وقد تعوّد المعلم أن يسميه تنويماً مغناطيسياً كونياً. إن الله يوحي لنا بحقيقة هذا العالم وهذا الجسد، وبسبب هذا الفكر المنوّم الذي يوحيه الله بقوة، نقبل العالم والجسد على أنهما حقيقيان.

لقد أوضح لنا المعلم المقدّر أنه حتى التجسدات الإلهية (الأفاتارز) – تلك الأرواح العظيمة التي حققت التحرر الفعلي ومع ذلك تعود إلى الأرض، كما فعل معلمنا، للمساعدة في تحرير الآخرين وكذلك المساعدة في تحرير العالم، ولتحديد الطريق للنفوس الباحثة عن الله – يجب أن يأخذوا قدراً معيناً من الوهم أو المحدودية. فبدون هذا الوهم، وبدون مايا التي تجعل هذا العالم يبدو حقيقياً، لا يمكن لذرات أجسادهم أن تبقى متماسكة. وسيكونون كما هم في الحقيقة: لا شيء سوى نور الله ووعيه غير المحدود.

في هذه الحياة، رأينا كيف كان معلمنا يعيش في جسم مادي مثل أجسامكم وجسمي، وكان جسمه قادراً على الشعور بالألم وخاضعاً لقيود المرض والإصابة؛ ورأينا كيف استطاع في الوقت نفسه أن يُظهر قوة العقل اللامتناهية وقدرته على تجاوز

تلك "الحقائق" الجسدية. فعندما كان يقول للجسد: "انهض وامشِ"، حتى لو كان مريضاً أو متألماً، كان جسده ينهض ويمشي. أحياناً كان يبدو أنه من المستحيل أن يكون قادراً على الوفاء بالتزاماته، مثل إلقاء محاضرة أو لقاء أشخاص جاءوا من أماكن بعيدة لرؤيته. كان يستعد للاجتماع أو المقابلة دون تثبيط أو تهيّب، وعندما يحين الوقت كان كل أثر للمرض يختفي فجأة. وبسبب إرادته الناجزة وإيمانه بتلك القوة اللامتناهية في داخله، كان يقول: "إن الله يأتي دائماً لمساعدتي. الأم الإلهية لا تخبرني أبداً حتى اللحظة الأخيرة ما إذا كانت ستمنحني القوة والقدرة أم لا، وما إذا كانت ستُبعد عني هذه الاختبارات والمعاناة أم لا. كل ما أعرفه هو أن الوقت قد حان الآن لأخدمها، لأقاسم معرفتي بالله مع هؤلاء الذين جاءوا يطلبون مساعدتي. ولكن دائماً في اللحظة الأخيرة، تبدو وكأنها ترفعني وتأخذني بين ذراعيها إلى ذلك الحب الغامر وذلك النور العظيم."

وقال لنا بعد انتهاء المناسبة: "عندما ترجّلت من السيارة، فجأة لم أعد أشعر بالجسد. إذ أصبح الجسد، وكل الناس والمحيط، كتلة واحدة من نور الله. وشعرت بنفسي أعوم في ذلك النور – في وعي الله". نحن الذين كنا موجودين رأينا ذلك – وتلك كانت معجزة حقيقية شهدناها بأنفسنا وعرفنا أن قوة إلهية قد رفعت معلمنا في تلك اللحظة.

”ملاذ الأمان الوحيد“

كان المعلم يقول: ”على أحد جانبيّ الوعي هناك العالم المادي والجسد. ومع ذلك، عندما أستخدم هذا الشكل المادي – الجسد – أرى على الجانب الآخر أن كل شيء غير حقيقي.“

ذات مرة في الصحراء، كان يملي علينا تفسيره للبهاغافاد غيتا. كنا جالسين عند قدميه، وكان يناقش بعض الأفكار العميقة جداً حول طبيعة الخلق، وعدم حقيقة هذا العالم – وكيف أن الله يفرض الوهم الكوني على البشر، ويجعلنا نعتقد أن هذا كله حقيقي ومهم جداً. ثم أصبح منسحباً وبدا بعيداً جدًا لبعض الوقت. كانت هناك نظرة معينة تعلو وجه المعلم عندما يتحول وعيه إلى الداخل ويصبح عميقاً ومركّزاً على الله. كنا دائماً نعرف هذا التعبير ونلتزم الصمت.

وبينما كنا جالسين هناك في انتظار أن يستأنف العمل، فجأة بدأ يضحك! كان المعلم يضحك ضحكة قلبية رائعة ومُعدية للغاية، وسرعان ما صرنا جميعاً نضحك معه. وأخيراً قال: ”يا لها من مزحة! يا لها من خدعة يمارسها الله عليكم جميعاً! كم هو غير حقيقي هذا العالم مع اختباراته وتجاربه. إن كل شيء صادر عن الله؛ وكل شيء هو فيلم إلهي – مسرحية إلهية من النور والظلال في سينما الكون هذه. المسرحية ليست حقيقية؛ ليست حقيقية! الأم الإلهية تمازحكم! أنتم تأخذون الأمر على محمل الجد، لكنها مجرد مزحة تستخدمها الأم الإلهية لترفيهكم!“

ثم أصبح جاداً جداً، وبدأت دموع التعاطف المقدس تنهمر على خديه وهو ينظر إلينا جميعاً. بعدها قال بحنان كبير: "لكنني أشعر بالأسف الشديد تجاهكم جميعاً لأن هذا العالم بالنسبة لكم ما زال حقيقياً."

ثم استطرد قائلاً: "لا تأخذوا الأمر على محمل الجد. فقط انظروا إلى كل شيء على أنه عرض إلهي، بما فيه من أفراح وأحزان، وخيبات أمل، وأوهام، وآلام، وحياة وموت. الفيلم الجيد يحتوي على كل هذه الأشياء! وكلما بدأت الظروف تزعجكم وتؤرقكم وتجعلكم تشعرون بالإحباط، توجهوا بأفكاركم إلى الله وقولوا: 'آه، لكنني أعلم يا رب أن هذا ليس سوى فيلم مؤقت كالحلم، يعرضه شعاع نورك ووعيك. أنا شرارة من ذلك النور اللامتناهي والوعي اللامتناهي، أؤدي لفترة من الوقت دوراً بشرياً صغيراً في هذا الجسد، وأنا أعلم أن الفيلم ليس حقيقياً.' تعلّموا أن تضحكوا لعلمكم أن العرض الذي يجعلكم الله تعتبرونه حقيقياً هو غير حقيقي. وتعلّموا أن تروا الحقيقة وراء مشاهد الفيلم الوهمي. انظروا إلى الأم الإلهية. انظروا إلى الشعاع. وهذا هو ملاذ الأمان الوحيد."

الارتقاء فوق مزاجية الأنا

هناك جذور أخرى للجهل متأصلة في "طبيعتنا الثانية" أو الأنا – التي تبقي وعينا محصوراً في الازدواجية – هي الطباع المتقلبة بين السعادة والحزن. هذه أيضاً جزء من الوهم الذي يجب أن نتعلم تجاوزه. أتذكر ذات صباح عندما استدعاني المعلم. كنت أشعر بسعادة غامرة في ذلك اليوم. لكن في اللحظة التي دخلت فيها غرفته، بدأ المعلم في توبيخي. بعض الأشياء التي كان يوبخني عليها لم تكن مسؤوليتي أو خطأي؛ لكن رغم ذلك، كان توبيخه شديداً لدرجة أن فرحتي تلاشت وفارقتني، وبدأت أشعر بحزن شديد. وبعد بضع دقائق، طلب مني العودة إلى عملي.

لقد تعلّمنا أن المعلم كان لديه دائماً سبب لأي تدريب يعطيه لنا. لم نحاول أن ندافع عن أنفسنا، أو أن نشرح أو نبرر أفعالنا، لأننا كنا نعلم أنه لم يكن يتعامل فقط مع ما كنا نفكر فيه أو نفعله في تلك اللحظة. لقد كان يحفر عميقاً في تربة وعينا، محاولاً إخراج واستبعاد كل بذور العيوب التي كانت كامنة في داخلنا وإظهار كمال الله المحتجب في نفوسنا.

بدأت أفكر: "حسناً، أنا أستحق هذا التوبيخ. لا يهم ما إذا كان التوبيخ بسبب أشياء معينة تم تأنيبي عليها أم لا. يجب أن أتقبّل هذه الأمور دائماً بموقف صحيح." وشيئاً فشيئاً بدأ سلامي وانسجامي مع المُعلِّم يعودان إليّ. وفي تلك اللحظة استدعاني إليه مرة أخرى.

إظهار الوعي الإلهي في الحياة اليومية

هذه المرة كان كلّه محبة ولطف، مثلما كنا نجده دائماً. قال لي: "أرأيتِ كيف جئتِ إليّ هذا الصباح، وكان وجهك مشرقاً بالابتسامات، وكنتِ سعيدةً كل السعادة؟ ثم كيف تلاشت تلك الابتسامات بوخزة صغيرة من التوبيخ؟ يجب أن تتعلمي كيفية تنمية فرح الله في شتاء الحياة، عندما تكون هناك تجارب ومتاعب، وكذلك في فصل الصيف، عندما يسير كل شيء بشكل جميل بالنسبة لكِ. إن لم تتعلمي ذلك، ففي وقت الامتحان، عندما تحدث بعض الاضطرابات الصغيرة في حياتك، سوف يتلاشى فرحك – وستجدين أنكِ بفقدانك لهذا الفرح، تفقدين أيضاً الشعور بالحضور الإلهي. عندما وبّختك هذا الصباح، ما كان ينبغي لسعادتك أن تذبل وتجف كما حدث. كان يجب أن تكوني قادرة على الاحتفاظ بتلك السعادة – في فصل الشتاء حيث المتاعب وكذلك في فصل الصيف حيث السلام والراحة والرضا."

هذه التجارب مع المعلم، وهذه الدروس البسيطة ولكن ذات المغزى العميق، لم ننسَها أبداً. لقد تعلمنا كيف نطبقها على كل ظرف من ظروف حياتنا. ورأينا، على سبيل المثال، أنه عندما يتأرجح ويترنح المريد كثيراً أو يتأثر بموجات الفرح والحزن المتعاقبة التي تهيّج وعي معظم البشر، تكون النتيجة تقلّب مزاج واكتئاب."

المزاجية، كما اعتاد معلمنا أن يقول، هي تعبير عن كارما سيئة من الماضي – ميول أو رغبات خاطئة لم نتغلب عليها روحياً، ولكننا لم نسمح بظهورها في هذه الحياة. بعبارة أخرى، لقد تعلمنا الآن أن بعض الأفعال خاطئة، وأنه لا ينبغي لنا القيام

بها. لذا نضع حاجزاً ذهنياً ونقول، "لن أفعل هذا". ولكن إذا كانت بذرة هذا الفعل لا تزال في الوعي، فحتى لو لم ندعها تظهر مباشرة، إلا أنها قد تظهر على هيئة مزاج.

في لحظة، قد تكون في منتهى السعادة، ثم يصبح مزاجك مكتئباً ومثبطاً بدون سبب منطقي. بعض الأحداث الصغيرة – غير المتناسبة تماماً مع ردة فعلك – تجعلك تشعر كما لو أنك فقدت كل إرادتك وحماسك، وتبدأ في الشعور بالأسف الشديد على نفسك وتقول: "أوه، الحياة تعاملني معاملة غير عادلة! يبدو أن التوفيق والبركات تأتي للآخرين، أما أنا فلا أحصل أبداً على استراحة من المتاعب!" إن مثل هذه الحالة المزاجية مقيِّدة وخانقة للروح ولم يسمح لنا المعلم أبداً بالانغماس فيها – وكان يعرف دائماً عندما نكون في تلك الحالة!

في سنواتي الأولى على الطريق [الروحي] كنتُ عرضةً للمزاجية، لكن تأديب المعلم الصارم وبركة الله مكناني من التغلب على تلك الحالة. أتذكر ذات يوم أنني كنت في مزاج مكتئب عندما استدعى العديد منا للحضور إلى غرفته. كان الآخرون هناك بالفعل عندما وصلت، وكان هو يتأمل بعينين مغمضتين. لم يفتح عينيه لرؤيتي، ولكن في اللحظة التي اقتربت فيها من الباب، لوّح بيده ليصرفني وقال: "مارينا، لا تأتي إلى غرفتي! لا تقتربي مني بهذه الذبذبات السلبية. عودي إلى غرفتك!"

عدت إلى غرفتي – وكنتُ منزعجة حقاً! فكرت: "لقد كنت أشعر بالوحدة والإحباط – كنت أتوق لأن أكون مريدة مثالية لله، وأتحسّر لأنني ما زلت بعيدة جداً عن هذا الهدف. كل ما

كنت أحتاجه من المعلم هو مجرد كلمة تشجيع. لو قال لي فقط: "أنتِ بخير. سأساعدك. فقط استمري في التأمل، بعمق أكثر من أي وقت مضى..." مجرد القليل من الحب والتشجيع – هذا كل ما كنت أحتاجه. ولكن الآن، بدلاً من أن يساعدني، صرفني."

وسرعان ما علِمنا أن تلك كانت طريقة المعلم في تدريبنا. فكلما كنا غير متناغمين معه، كان يطردنا من حضرته. هذه نقطة مهمة جداً بالنسبة لكم جميعاً لتفهموها، أنتم الذين لم تتح لكم الفرصة لتكونوا في الحضور الشخصي للمعلم. فحتى عندما كان معنا جسدياً، لم يكن يهذبنا ويوجهنا من خلال الاتصال والتواصل الشخصي على المستوى المادي بقدر ما كان يفعل ذلك عن طريق التناغم الروحي. عندما كنا متناغمين مع المعلم بشكل صحيح، كنا نستطيع الحصول على مساعدته وبركته والاستفادة منهما – وكان يسمح لنا بالتواجد حوله. ولكن إن كان تناغمنا الروحي دون المستوى المطلوب، كان المعلم يغلق الباب في وجوهنا ويصرفنا.

عندما كان يحدث ذلك، لم يكن أمامنا سوى شيء واحد نفعله. كنا نذهب إلى غرفنا ونحن نشعر بالتعاسة. إلى أين كنا نلجأ؟ كنا نركع على ركبنا أمام الله، أمام محراب التأمل، نبكي ونصلي إلى الله قائلين: "أرني خطأي. غيّرني. امنحني التناغم مع معلّمي. امنحني التناغم معك. غيّر هذا الشكل المادي الكثيف، بكل ما فيه من عيوب ومحدوديات، إلى أداة يمكنك من خلالها أن تسكن وتعمل في هذا العالم لخير النفس والبشرية جمعاء، ولخير العالم أجمع."

بينما كنا نصلي بهذه الطريقة، كنا نشعر فجأة بسلام عظيم، لأننا نكون قد انتشلنا وعينا من المزاجية والقيود وأوهام الأنا المزعجة، وأعدناه إلى السكينة والهدوء، إلى التناغم مع الله والمعلم. وفي اللحظة التي كان يعود فيها هذا السلام – وقد رأيت هذا يحدث دائماً – كنا نسمع طرقاً على الباب، أو يدس أحدهم ورقة صغيرة تحت الباب عليها عبارة: "يود المعلم أن يراك الآن."

وعندما كنا نذهب إلى غرفته، كان من جديد يشع حباً وفرحاً كبيرين. وكان يقول: "حسناً، حسناً! ما كان ينبغي أن أوبخكِ بهذه الطريقة. لم تستحقي هذا التوبيخ. أنا آسف جداً لأنني سببت لكِ الألم". كنا ننحني للمعلم ونقول: "يا معلم، أدّبني في أي وقت، وفي كل وقت!" ومع التناغم جاء الفهم: كان توبيخه نعمةً، لأنه كان يهتم بنا بما فيه الكفاية ليخرجنا من أوهام الجسد والعقل ومحدوديتهما.

اليوم، على الرغم من أنني لم أعد على تواصل مادي معه، إلا أنني أرى أن الإرشاد والبركة القادمين من معلمنا هما حقيقيان تماماً مثلما كانا أثناء حياته. أعرفُ عندما يقوم بتأديبي أو إرشادي. لأنني ألمس ذلك كالسابق تماماً، ويمكن أن يكون التأديب أو الإرشاد مؤلماً أيضاً! لكن هذا الإرشاد وهذا الألم يساعدانني على التغلب والسيطرة على النفس. وبالمثل، ستجدون في بحثكم عن الله بصدق وإخلاص، أن المعلم يساعدكم ويرشدكم في طريقكم. وأثناء قيامكم بدوركم في الطريق الروحي، سوف تحصلون على بركاته؛ ومن خلال تلك البركات وجهودكم

الخاصة، ستحصلون أيضاً على بركات الله ونعمته.

الله والمعلم سيرسلان تجارب وامتحانات، وسيؤدبانك عندما تحتاج إلى ذلك. لكنك ستتعلم ما دمت سائراً على الطريق – تماماً كما كان علينا أن نتعلم، وما زلنا نتعلم باستمرار – أن تتقبل هذا التأديب بموقف صحيح. وستدرك مع كل فرح وكل حزن يأتيك أن هذا ليس مجرد ظرف عارض. إنه يأتيك من الله والمعلم، كجزء من الكارما التي أنت مستعد لاستهلاكها [وإبطال مفعولها] في ذلك الوقت، وأن هناك سبباً للتأديب الذي ينطوي على درس يتعيّن عليك أن تتعلمه. وبمجرد أن تتعلمه، ستجد أنك ستكون أكثر تحرراً وأقرب إلى الله. وسوف تكون أقل ارتباطاً بقيود هذا الجسد وهذا العقل، وستشعر بزيادة في تلك القوة اللامتناهية وذلك الحب الأبدي والفرح اللامتناهي في حياتك.

ترسيخ الوعي
في الله

لقد علّمنا المعلم أن أحد الأسباب الرئيسية للجهل – نسيان طبيعتنا الإلهية – هو السيل المتواصل من مشتتات الانتباه في هذا العالم، والتي تشوش الوعي وتوجّه الانتباه نحو الخارج. فالعقل يُجبَر باستمرار على التفكير في أشياء أخرى ونسيان الله، في حين يتوجب على المريد الراغب في معرفة الله أن يتعلم كيفية ترسيخ وعيه وأفكاره بصورة مستمرة في الله.

وقد درّبنا المعلم على ذلك بطرق عديدة. كنا نأتي أحياناً إلى غرفته وأذهاننا مشغولة جداً بأمور تتعلق بالعمل – من قرارات كنا نحتاج إلى اتخاذها، ومشاريع طلب منا العمل على إنجازها، وما إلى ذلك. كنا متحمسين إلى أقصى درجة لإنجاز الأعمال، وكنا ننهمك كلياً في التفكير بالعمل والقيام بالنشاط. كان يولي اهتمامه لهذه الأمور لبعض الوقت، ثم – في خضم كل ذلك، عندما كانت أذهاننا مشغولة بمحاولة إيجاد حلول للمشاكل العديدة المتأصلة في إدارة المؤسسة – كان يقول فجأة: "حسنًا، لنجلس الآن ونتأمل."

كنا نجلس للتأمل؛ وإذا كانت أذهاننا مشوشة على الإطلاق، كان المعلم يعرف ذلك ويقول: "هل محبتكم لله قليلة جداً، وبائخة إلى درجة عدم قدرتكم على منع أذهانكم من الشرود والانجذاب إلى هذه الأفكار المضطربة؟ ركّزوا عقلكم بشكل تام على الله.

اتركوا التفكير في أي شيء آخر واغمروا وعيكم كله في الله". على هذا النحو تعلمنا أن نتأمل. وبعد فترة من التأمل، كان المعلم يقول: "حسناً الآن، عودوا إلى العمل". وعلى الفور كان علينا أن نغيّر وعينا ونستأنف واجباتنا – بنفس الحماس، ونفس الاهتمام، ونفس التركيز – ونبدأ من حيث توقفنا.

قال لنا المعلم: "هذه هي الطريقة التي يعمل بها اليوغي الحقيقي، المريد الحقيقي، في الحياة. الشخص العادي يشبه بندول الساعة، فهو يتأرجح جيئة وذهاباً من طرف إلى آخر، يتحرك دائماً، ولا يهدأ أبداً. من ناحية أخرى فإن اليوغي يحتفظ دائماً بهدوئه، ويظل مستقراً في طبيعته الحقيقية، مثل البندول الساكن."

واستطرد المعلم قائلاً: "الشخص الهادئ يظل ساكناً إلى أن يصبح جاهزاً للحركة، ثم يهبّ للعمل. وبمجرد أن ينتهي من العمل، يعود مرة أخرى إلى مركز الهدوء. يجب أن تكونوا هادئين مثل بندول الساعة الذي يظل ساكناً، إنما على استعداد للانطلاق كلما دعت الضرورة." ثم أخذ خطوة أبعد من ذلك: إذ بعد انتهائنا من التأمل، كان علينا أن نحتفظ في داخلنا بوعي التأمل أثناء أداء واجباتنا وأنشطتنا – وعي القيام بكل شيء خدمة لله، مستعينين بقوته، وطاقته، وحيويته المتدفقة من خلالنا."

التأمل هو أعظم طريقة لتحرير النفس

لقد ذكرتُ في هذا الاجتماع الروحي (ساتسانغا) بعض الطرق العملية التي علّمنا إياها المعلم والتي يمكنكم من خلالها تحرير النفس من الجهل ومن كل ما يقيدها بالوعي البشري المحدود – وتطرقتُ إلى أساليب يمكنكم ممارستها في العالم تماماً كما نمارسها في الصومعة. ومن خلال هذه الطرق والأساليب ستدركون على نحو متزايد الحقيقة المطلقة المتمثلة في: "أنا لست هذا الجسد. أنا النفس، أنا واحد مع الروح المطلق اللانهائي."

إن أعظم طريقة لبلوغ هذا الوعي والاحتفاظ به هي اتباع تعاليم المعلم الروحية الخاصة بالتأمل العميق. فمن خلال التأمل يمكنكم تسكين الأفكار وتهدئة الوعي بحيث يصبح كالبندول الهادئ والثابت في الله. في هدأة السكون تبدأون بالشعور بالحضور الإلهي.

وأذكر أيضاً أن أحد الرهبان عندما قابل المعلم في الردهة قال له بفخر كبير: "يا معلم، لقد قمتُ هذا الصباح بممارسة ثلاثمائة كريا" –معتقدًا أن المعلم سيقول له: "أوه، هذا رائع أيها التلميذ المبارك. أنا فخور بك!" لكن المعلم واصل سيره في الردهة وقال دون أدنى اكتراث أثناء مروره بجانب الراهب: "كان في ثلاثة الكفاية". وبهذه الطريقة كان يؤكد على أهمية التعمق في التأمل.

حتى لمحة قصيرة من الوعي الإلهي تغيّر حياة المرء

لا يمكن لأي شخص اختبر حقاً ولو لمحة عابرة من الله أن يظل نفس الشخص بعد ذلك – لأنه لا يمكن أن يرضى مرة أخرى بالوعي الدنيوي المحدود كما كان راضياً به من قبل. إنك لا تتوقف عن الاستمتاع بالعالم أو مباهجه السليمة. ما يحدث هو مجرد تحوّل في الوعي من إدراك المظهر الخارجي إلى الدراية الفعلية بالجانب الداخلي للحقيقة. فبدلاً من التماهي مع الأشكال المادية والقيود والتعلقات والرغبات والأهواء والمستحبات والمكروهات والأفراح والأحزان، ترى كل الحياة على أنها مظهر من مظاهر الله. وتدرك أن كل شيء مصنوع من نوره ووعيه اللامتناهي. كما أنك تستمتع بحب وعِشرة عائلتك لأنك تشعر بحب الله المتدفق من خلالك؛ ذلك الحب الذي منحه لك لتحب تلك العائلة به. وبدورك، عندما تحصل على ذلك الحب من أفراد عائلتك، لا تحس بمجرد عاطفة بشرية أنانية ومحدودة، ناجمة عن صلة الدم، بل تشعر بالحب الإلهي اللامتناهي. وعندما تنظر إلى وردة، أو إلى الأشياء الجميلة التي لا تُحصى التي خلقها الله، تلمح النور الإلهي من وراء جمال البتلات، وتشعر بوعي الخالق الذي أبدع ذلك الجمال.

كما ذكّرنا المعلم أن المريد الحقيقي هو ليس الذي يقول دائماً: "متى سأجد الله؟ وأين هو الله؟ إنني أتشوق إلى الله.

فكيف سأتمكن من العثور عليه؟" المريد الحقيقي هو تلك النفس التي تقول: "أوه! لقد وجدت الله. إنه معي طوال الوقت، هو في داخلي، ومن حولي. وأعلم أن الله هو الذي يحبني من خلال كل أحبائي، وأنه هو الجمال وراء جمال الوردة وأصيل الغروب، وأن قوته وحياته تنبضان في قلبي وتتدفقان عبر أنفاسي. وإنني جزء منه في كل لحظة من كل يوم."

تعلّم أن تفكر بهذه الطريقة. وكما ينصح السيد كريشنا أرجونا في كتاب البهاغافاد غيتا، دع وعيك يترسّخ في ذلك الذي لا يتغير – لكي تتمكن، على حد تعبير معلمنا، من "الوقوف بثبات وسط ارتطام العوالم المتصادمة". وبغض النظر عن التجارب التي تمر بها ظاهرياً، أو الدروس التي تتعلمها من خلال تلك التجارب، دع وعيك يرتكز دوماً على تلك الحقيقة الواحدة – على الواحد الأحد الذي لن يخذلك أبداً، ولن يتغير أبداً، على الله وعلاقتك به.

إظهار الوعي الإلهي في الحياة اليومية

حالة السمادهي العظمى التي اختبرها برمهنساجي في عام ١٩٤٨

لقد أصبح الله حقيقياً جداً بالنسبة لنا نحن الذين عشنا بالقرب من المعلم، ليس فقط بسبب التدريب الذي أعطاه لنا في مجال التأمل والحياة الروحية، ولكن أيضاً من خلال تجليات طبيعة الله اللامتناهية التي رأيناها في معلمنا نفسه. أود أن أروي اختباراً واحداً من تلك الاختبارات.

كان ذلك في عام ١٩٤٨، في وقت متأخر من بعد ظهر أحد الأيام. كنّا مشغولين بأداء واجباتنا في المكتب وفي والصومعة في ماونت واشنطن، عندما دعا المعلم بعضنا للحضور إلى غرفته. ورأينا من ملامحه أنه كان مستغرقاً جداً في الوعي الإلهي. دخلنا بهدوء شديد، فأشار إلينا أن نجلس على الأرض، فجلسنا وبدأنا نتأمل.

كان المعلم يبتهل من صميم قلبه إلى الأم الإلهية. كان يتحدث معها بحميمية، ويخبرها بكل مشاكل المؤسسة التي لم يتم إيجاد الحلول لها بعد، وبكل الأعباء المتعلقة ببناء المنظمة التي أُلقيت عليه. كان يعلم أن سنوات إقامته في الجسد لم تعد كثيرة وأن ما زال هناك الكثير الذي يتعين عليه إنجازه.

ثم انتقل إلى الغرفة المجاورة، وجلس على الكرسي الكبير

الذي كان هناك، وطلب إحضار ثمرة مانغو كان ينوي مشاركتنا بها. وبينما كان يقوم بتحضير المانغو، سحبَ الله وعيه بالكامل. وبعد ذلك حظينا بمشاهدة شيء ربما نادراً ما يحدث في هذا العالم.

في حالة السمادهي تلك التي اختبرها المعلم واستمرت طوال الليل، حتى حوالي الساعة الثامنة من صباح اليوم التالي، رأينا المعلم يتحدث مع الله، مع الأم الإلهية — وسمعناها وهي تستخدم صوته للرد عليه بصوت عالٍ. سمعنا كلماته لها بصوته المألوف؛ وعندما كانت تجيبه كان الصوت يتغير قليلاً. ميزة الصوت كانت مختلفة، وكانت نبرة صوت المعلم مختلفة بشكل واضح.

وقال لنا المعلم: "لقد منحكم الله خلال هذه السمادهي بركة خاصة جداً لكم جميعاً، لتشاركوا في تجربتي". لقد كانت تجربة عظيمة للغاية. فخلال فترة من الفترات، كانت الأم الإلهية تريه الامتدادات الكونية التي لا نهاية لها. وقد عبّر عن ذلك بقوله إن وعيه كان يحلق في الكون، متمدداً إلى أقاصي اللانهاية، وسمعناه يقول للأم الإلهية: "هل هذه نهاية اللانهاية؟"

فأجابته: "نعم، هذه هي النهاية، وهي مجرد البداية."

ثم كان يجتاز بالوعي مسافة أكثر بما لا يقاس من ذلك، ومرة أخرى يسأل: "هل هذه نهاية اللانهاية؟"

ومرة أخرى كانت تقول: "نعم، وهي مجرد البداية فقط."

لقد أخبرتْ الأم الإلهية بأشياء كثيرة خلال تلك الفترة من السمادهي عن مستقبل العمل. وأخبرنا المعلم أن بركاتها وبركات المعلم ستكون دائماً مع مؤسسة SRF/YSS، وستكون تلك البركات

متاحة لأي نفس تأتي لتشرب من رحيق الحضور الإلهي.
عندما بدأ المعلم بالخروج من ذلك الاختبار غير المحدود والعودة إلى هذا العالم، قال لنا "من الآن فصاعداً، سأكون دائماً في هذا الوعي، ولكن لن يعرف أحد بذلك، ولن يرى أحد ذلك."
بعد تلك الفترة، كانت هناك أوقات كثيرة كان المعلم يمر فيها باختبارات عميقة جداً مع الله. كان يقول لنا: "ترون كيف هي حياتي الآن. لو تسنى لكم أن تحظوا بلمحة واحدة فقط مما أختبره الآن في كل وقت، لما ارتحتم ليلاً أو نهاراً إلى أن تبلغوا وعي الله هذا". بهذه الطريقة كان يتحدث إلينا، محاولاً إثارة حماستنا، وإيقاظنا من سُبات الوهم والجهل الذي يجعلنا نفكر بأنه يجب أن نصرف الكثير من الوقت في الاهتمام بهذا الجسد، والكثير من الوقت في النوم، والكثير من الوقت في نسيان الله. وكان يقول: "لو أن الأم الإلهية أرتكم يوماً ما القليل من هذا النور اللامتناهي وما أختبره من الفرح والحب والحرية لما كنتم ستتوقفون قبل أن تصلوا إلى هذه الحالة."

لا تسمحوا للوهم بأن يستمر في خداعكم

إذا كانت هناك فكرة واحدة، أو رسالة واحدة، أريد أن أتركها معكم أكثر من غيرها، فهي كلمات المعلم تلك – لعلها تهزكم وتوقظكم، مثلما سعى إلى هزنا وإيقاظنا من أي كسل وتقاعس روحي لامتلاك رغبة أكبر في الله، وإلى بذل جهد أكبر للتأمل بعمق واتباع المسارات التي بيّن معالمها لنا معلمنا المبارك وسلسلة معلمينا المباركين.

هذه التعاليم تقود حقاً إلى ذلك الهدف الإلهي. لقد رأينا نتائجها تتجلى بشكل كامل في حياة معلمنا – وبطرق أقل بكثير في حياتنا الخاصة، بحيث يمكننا أن نقدم مع المعلم هذه الشهادة: حتى القليل من طعم ذلك الحب والفرح والرضا اللامتناهي الذي يأتي من الله سيمنحكم شيئاً في حياتكم لا يمكن لأي شيء آخر – أو أي طموح أو اكتفاء بشري – أن يبدأ في منحه لكم. جرّبوا ذلك. ابذلوا جهداً صادقاً لتختبروا هذه الحقيقة في حياتكم.

لا تدعوا الوهم أو مايا/maya أو الشيطان يستمر في خداعكم وتقييدكم بالاختبارات والتجارب الزهيدة لهذا الجسد البشري وبالرغبات العابرة والأشياء المادية الزائلة. خصصوا بعض الوقت لله. ومن أصل الأربع والعشرين ساعة المعطاة لنا كل يوم، ألا نستطيع تخصيص ولو ساعة واحدة للذي خلقنا؟ عند استيقاظكم في الصباح، دعوا أفكاركم تتوجه إلى الله وتستريح

فيه. ثم حاولوا أن تأخذوا هذا الشعور معكم خلال النهار. ومرة أخرى، آخر شيء في الليل، تأمّلوا ودعوا وعيكم يستريح في الله قبل النوم. إذا خصصتم ولو ساعة واحدة من اليوم لله في التأمل العميق، وبذلتم جهداً صادقاً، ستلمسون كيف تتغير حياتكم.

لقد كان المعلم يقول لنا: "في تلك الفترات القصيرة من الوقت التي تتفرغوا فيها لضروريات الحياة ومسؤولياتها، لا تضيعوا الوقت بتشغيل الراديو أو التلفاز أو رفع سماعة الهاتف للثرثرة مع صديق. استخدموا تلك الأوقات لله بدلاً من ذلك. اجلسوا وتأملوا حتى ولو لدقيقة واحدة أو لثلاث دقائق فقط، أو قوموا بتوجيه الوعي إلى الداخل، ودعوا أفكاركم تتركز على الله. في تلك اللحظات القليلة، اشعروا بشوق متعاظم وحب غامر وحنين متزايد إلى الله، بحيث يتلاشى العالم من وعيكم، وتعرفون أن الله هو الحقيقة الوحيدة في الوجود."

العلاقة الحقيقية الوحيدة هي العلاقة بين روحكم والروح الإلهي – توحّد روحكم وكيانكم كله مع الله. لذلك كان برمهنساجي يقول لنا: "في تلك الفجوات الزمنية الصغيرة، إذا ما أعربتم لله عن حبكم ستشعرون باستجابته الإلهية بقدر أكبر بكثير. وستلمسون كيف أن هذا الحب يغمر حياتكم بالرضا الدائم والفرح الكامل."

لا ينقصكم سوى شيء واحد، لا يمكن لأحد آخر أن يمنحه لكم، وهو استنهاض إرادتكم وبَذلكم الجهد لممارسة ما تعلمناه من معلمنا. ويمكنني أن أعدكم أنه مثلما حققت الأم الإلهية كل حاجة – وبعبارة أخرى كل أمنية صغيرة – خطرت ببال المعلم،

هكذا سيفعل الله الشيء نفسه من أجلكم. عليكم العمل والقيام بمسؤولياتكم في هذا العالم. لا يريدكم الله أن تهملوها، ولا ينبغي لكم إهمالها. وستجدون أنكم، كما قلت في البداية، كلما اقتربتم من الله ستصبحون أكثر اكتمالاً وتوازناً، وكلما تمكنتم من أداء واجباتكم بكفاءة أكبر. وستقدرون أن تحبوا الآخرين بشكل أكثر نقاءً، وستلمسون تحسناً في علاقاتكم مع الآخرين. وسيكتسب فهمكم صفاءً أكبر، بحيث مهما كانت الظروف التي تواجهونها في الحياة تمتلكون رؤية أوضح، وتعرفون كيف توجهون حياتكم عبر متاهات التجارب والاختبارات. وسيسدد الله خطواتكم ويرشدكم إلى الطريق.

عندما تبدأون في إزالة حطام كل هذه القيود التي تحدثنا عنها الليلة من وعيكم، فإن الأمر يشبه انقشاع الضباب. كل شيء يصبح أكثر وضوحاً. ويبدأ كل شيء باتخاذ مكانه الملائم، سواء واجبكم تجاه العالم، والعائلة، والبشرية، والله – وستجدون أن بإمكانكم الوفاء بكل هذه الالتزامات التي منحها الله لكم لتأديتها في الدور المحدد الذي وضعكم فيه في هذا التجسد.

لا تدعوا هذه الكلمات تكون مجرد إلهام لحظي، بل ابذلوا الجهد لتحويلها إلى إدراككم الخاص من أجل تحقيق هدف هذا الطريق الذي هو الاتحاد الأبدي [بالله] والتواصل اليومي، لحظة بلحظة، مع الحقيقة التي هي الله. لا تجعلوا الله مجرد كلمة بالنسبة لكم. ولا تشعروا بالاكتفاء أبداً إلى أن تصبح تلك الكلمة – الله – إدراكاً واختباراً في عقولكم وقلوبكم ونفوسكم.

الجزء الثاني

بركات الكريا يوغا في الحياة اليومية

أُلقيت هذه المحاضرة خلال إحدى الزيارات الست التي قامت بها مرينالييني ماتا إلى الهند للمساعدة في نشر أعمال برمهنسا يوغانندا هناك.

في هذا العالم، عالم الثنائيات والنسبيات، الذي نجد فيه الكثير من الألم والحزن والمعاناة والاضطراب، هناك حاجة أكيدة إلى معرفة علمية لكيفية العيش. نحن بحاجة إلى علم ليس فقط لجلب المزيد من الازدهار المادي والمزيد من "الأجهزة والأدوات" المادية إلى حياتنا، بل إلى علم العيش الصحيح. هذا ما تفتقده البشرية، وبسبب فقدانه تحدث كل المشاكل والمتاعب في عالمنا اليوم. وهذا ما جلبه معلمنا برمهنسا يوغانندا إلى الغرب: تعاليم الكريا يوغا.

على مر العصور، أُعطيت البشرية علم العيش الصحيح مراراً وتكراراً. لا بد أن طبيعة الله تتميز بصبر غير محدود، وإلا كيف يمكن أن يستمر الله (الذي نتحدث عنه على أنه الأم الإلهية) في محبته وتسامحه مع أبنائه إلى ما لا نهاية، مذكّراً

إيانا بصبر وأناة: "هذا العالم هو عالمي؛ فأنا الذي خلقته وجعلته حسناً وجميلاً؛ وأنا الذي خلقتكم جميعاً. لقد خلقتكم طيبين وخلقتكم جميلين. وأخبرتكم في الكتب المقدسة، مثلما أخبرتكم المرة بعد الأخرى، من خلال أصوات ونماذج التجسدات الإلهية والقديسين، ما يجب عليكم أن تفعلوه في هذا العالم لتجعلوه جميلاً، وتحافظوا على توافقكم معي، حتى تجلبوا جمالي وفرحي وسلامي ووفرتي إلى هذه الأرض التي خلقتها وأنا وحدي من يصونها ويحافظ عليها. ومع ذلك، ما الذي فعلتموه بهذا العالم؟"

لقد حاولت الثقافة الحديثة، بقوّة الوهم والخداع الكبيرة أن تُبعد الله من النظرة "العلمية" للكون ومن الحياة اليومية. ومع ذلك، لن يعرف العالم أبداً السعادة الدائمة أو السلام أو التحرر من المعاناة ما دام الإنسان ينكر الله الذي هو الحقيقة العظمى في هذه الخليقة التي لم يبدعها ولا يسندها إلا عقله اللامتناهي وغير المحدود.

سبب معاناتنا

في أذهان جميع الذين يعانون، يأتي وقت للتساؤل والشك عندما نفكر: ''إذا كان هناك إله، فلماذا يسمح بهذه المعاناة؟ لماذا جاء هذا الألم إلى حياتي؟ هل يسمع الله صلاتي؟'' وعندما نرى الملايين يعانون من الحروب والكوارث الرهيبة، لا يسعنا إلا أن نفكر: ''أين الله؟ هل ألقى بنا ككتلة بشرية هائلة في هذا العالم المليء بالمتاعب ثم انسحب؟''

الله موجود. إنه يستمع ويستجيب. ونرى ذلك ظاهراً في حياة القديسين والمعلمين الإلهيين. حتى في الحياة العادية، عندما يلامس الشخص للحظة واحدة ذلك الوعي اللامتناهي، ربما عندما تُستجاب بعض صلواته، فيحصل على لمحة منه ويشعر قائلاً: ''آه، إن الله حقيقي، إنه يستجيب!''. التفكير السطحي الحديث يقول لنا إن هذا ''غير علمي''. لكن العظماء مثل المعلم برمهنسا يوغانندا، يؤكدون أن هناك علماً أعمق يجيب إجابة دقيقة وكاملة على جميع أسئلتنا عن الحياة. وهذا العلم هو علم اليوغا.

الله لم ينسحب [من هذا العالم]. لقد خلقنا على صورته ووضع جزءاً صغيراً من وعيه اللامتناهي في الكيان الفردي لكل منا وقال: ''أنت الآن روح، وأنا أرسلك إلى عالمي الوهمي، لتظهر جزءاً من طبيعتي اللامتناهية'' – لقد أرسلنا ليس ككائنات ذات نفوس فردية ووعي نقي وحسب، بل ككائنات مغلفة في أجسام محدودة مكونة من طاقة الحياة الكوكبية ثم من مكونات

مادية، وسط كون شاسع من العناصر المادية والطاقات. لكن ماذا يحدث؟ يقع الإنسان في أسر ذلك الوهم الكوني (مايا). لقد اعتاد برمهنساجي أن يشير إلى ذلك الوهم على أنه تنويم مغناطيسي كوني. فمن أجل عمل مسرحية الخلق، يوحي الرب بقوة إلى وعينا بأن هذا العالم حقيقي وأننا منفصلون عنه. ولأن هذا الإيحاء التنويمي قوي للغاية، فإننا نصدقه – لأننا لا نرى سوى النتيجة النهائية لعملية الخلق الكوني: العالم المادي وأجسادنا المادية الضعيفة. إننا ننسى مصدرنا الذي هو الله وننسى طبيعتنا الإلهية المباركة الخالدة المرتبطة به ارتباطاً لا ينفصم، ولهذا السبب نبدأ في المعاناة. ولكن هناك مخرج. ونفس هذه القوانين الكونية التي وضعها الله موضع التنفيذ عندما خلق هذا التعداد الهائل – عندما أطلق من ذاته هذه الطبيعة والكائنات الفردية اللامتناهية – تعمل على نحو انعكاسي [لإعادتنا إليه]. وتطبيق تلك المعرفة هو جوهر ومضمون علم اليوغا.

استعادة اليوغا الحقيقية كطريقة لحياة روحية متوازنة

اليوغا في أسمى سياقها تعني الاتحاد: الإدراك بأن النفس الفردية كانت وستظل دائماً وأبداً متحدة بالله. لقد تمت الإشادة بعلم اليوغا من قبل ممارسيه لأنه بمجرد أن يبدأ المرء في تطبيق القوانين التي تعيد إلى الدراية الواعية الروابط التي من خلالها هو متحد بالله إلى الأبد، يبدأ أيضاً في الاعتماد على طبيعة الله اللامتناهية والاستفادة منها. على سبيل المثال، يأتي سلام الله كاختبار أولّي لممارس اليوغا المتأمِّل. لكن على مر القرون أصبحت ممارسة اليوغا معقدة وغامضة للغاية – وليست شيئاً ذا صلة بالحياة اليومية أو قابلاً للتطبيق على أساس يومي – لأن بعض الممارسين، بتطبيقهم لتلك القوانين الإلهية التي من شأنها توجيه الوعي الخارجي إلى الله، رأوا أن هناك أيضاً قوى وقدرات "خارقة للطبيعة" تأتي كنتاجات ثانوية لهذه العملية. لقد كانوا يعملون بالقوانين التي بواسطتها أتى الخلق المادي إلى الوجود ووُضِع الإنسان في جسد مادي. وعندما لمسوا تلك القوة الخلاقة بدأوا في تطوير قدرات كبيرة سواء لفعل الخير أو الشر في هذا العالم: قدرات ليست فقط لإدراك الحق ومعرفة طريقة الاتحاد بالله، بل أيضاً مدركات خارقة لعوالم النور الكوكبية التي نشأ منها هذا العالم المادي، وقوى روحانية أخرى متنوعة. ولأن طبيعة الإنسان العادي، أي الأنا أو الإيغو ego، تنحصر عادةً في

إدامة فرديته والتعبير عن قدراته في عالم الوهم هذا الذي هو شديد التعلق به، ظن الكثيرون أن اليوغا هي علم القوى والقدرات الخارقة، متناسين أن اليوغا هي في الحقيقة علم الروح: إعادة إيقاظ درايتها المقدسة بوحدتها مع الله.

اليوغا بهذا المعنى بسيطة للغاية. إنها طريقة للعيش، وطريقة للتفكير، وطريقة للسلوك – وأكثر من ذلك، طريقة لصياغة الحياة وتغيير الذات. إن الهدف من علم الكريا يوغا، الذي نتحدث عنه الليلة، ليس تنمية القوى النفسية الخارقة، وليس بالضرورة القدرة على تحقيق نجاحات عظيمة في هذا العالم. بل لإعادة إيقاظ صورة الذات الإلهية الهاجعة داخل النفس؛ ولإدراك معنى "أنتَ هو" *Tat tvam asi* كما تقول الكتب المقدسة – بتجاوز كل ما يصرفك أو يُبعد انتباهك عن ذلك التحصيل الذي فيه كل القناعة والرضا. لقد اعتاد معلمنا الجليل أن يقول إنك عندما تبحث عن الله بصدق وإخلاص، لا بد أن تمر عبر حديقة الظواهر والقوى الكوكبية، ويجب ألّا تعلق هناك إن كنت تريد الوصول إلى القصر حيث يوجد الله.

إظهار الوعي الإلهي في الحياة اليومية

الكريا يوغا: منظومة روحية للعالم الحديث

في عام ١٨٦١، في جبال الهمالايا بالقرب من رانيخيت، أحيا مهافاتار باباجي علم الكريا يوغا القديم المفقود وعلّمه لذلك القديس العظيم الذي ندعوه اليوغافاتار ("تجسد اليوغا"): لاهيري مهاسايا من بنارس، ومنحه الإذن بتعليمه ليس فقط للنساك المعتزلين الذين نذروا أنفسهم للزهد التام، كما كان الحال في الماضي، ولكن للمريدين المخلصين الذين يضطلعون بمسؤوليات دنيوية أيضاً – "لكل من يطلب المساعدة بتواضع." ثم في عام ١٨٩٤، قابل أحد كبار تلاميذ لاهيري مهاسايا، سوامي سري يوكتسوار، باباجي في إحدى احتفالات الكومبه ميلا. في ذلك اللقاء أخبر باباجي سري يوكتسوارجي أنه سيرسل له بعد عدة سنوات تلميذاً لتدريبه، والذي كان قد اختاره لنقل علم الكريا إلى الغرب. وفي وقت لاحق، في عام ١٩٢٠، قال المهافاتار (التجسد الإلهي باباجي) شخصياً للمعلم الملائكي برمهنسا يوغانندا: "أنت الذي اخترته لنشر رسالة الكريا يوغا في الغرب. لقد قابلت معلمك يوكتسوار منذ فترة طويلة في الكومبه ميلا، وقلت له حينها أنني سأرسلك إليه من أجل التدريب."

لقد تنبأ باباجي بأنه سيأتي الوقت الذي يجب أن يتخلى فيه هذا العالم عن انقساماته وأحقاده الطائفية وعلمانيته – وأنه مع تقدم المعرفة العلمية والتكنولوجيا في هذا العصر الذي يتميز

بالتطور المتصاعد، يجب على البشرية إما أن تتعلم العيش معاً أو أنها ستدمر نفسها. وبإرسال الكريا يوغا إلى الغرب، فإن جوهر الحقيقة – الذي لطالما حظي بالرعاية والحماية في هذا الوطن الروحي الأم: الهند – سينتشر في نهاية المطاف مثل نور عظيم على العالم كله، ليجلب تدرجياً السلام، والتفاهم، والوحدة، والوئام، والإخاء.

إظهار الوعي الإلهي في الحياة اليومية

الكريا يوغا طريق القانون والمحبة

كان المعلم قد حصل أولاً على طريقة الكريا يوغا عندما كان طفلاً، حيث كان كلا والديه من تلاميذ لاهيري مهاسايا. ولكن فيما بعد، عندما كان في السابعة عشرة من عمره وقابل سوامي سري يوكيتسوارجي، حصل منه على طريقة الكريا كتكريس (ديكشا) – وهو التكريس الروحي الذي يمنحه المعلم الروحي وقت قبول التلميذ. وقال برمهنساجي إنه لم يتلقَ من قبل مثل هذا القدر الكبير من البركة من الكريا.

لماذا؟ لأنه، كما تُعلمنا كتب الهند المقدسة، في السعي إلى الله هناك ثلاثة أشياء ضرورية. أولاً وقبل كل شيء، مجهود التلميذ، وهو خمسة وعشرون بالمائة من المجموع المطلوب للنجاح. ثانياً، بركة المعلم الروحي، وهذه خمسة وعشرون بالمائة أخرى. فالتلميذ مطلوب منه بذل جهد كبير؛ ولكن قدراً مساوياً من تقدّمه يرجع إلى مساعدة المعلم وشفاعته، وهو ما يدفع التلميذ قدماً على طول الطّريق. والضرورة الثالثة هي نعمة الله، وهي خمسون في المئة من المجموع. فما من أحد وجد الله من دون واسطة معلّمه المعتمد من الله، هذا قانون إلهي. وهذا القانون هو جزء أساسي من علم الكريا يوغا.

طريق الكريا يوغا إلى الله هو طريق القانون والمحبة. فالقانون ضروري، لأننا إذا خالفنا قوانين الله (كما وردت في الوصايا العشر في الكتاب المقدس أو قواعد اليوغا ياما - نياما

[السلوك الأخلاقي ومراعاة الضوابط الدينية]) فإننا ننسج شبكة من كارما الضلال والمعاناة التي يصعب تخليص أنفسنا منها. إن أسمى طريقة لاتّباع القانون الروحي هي السادهانا- طريقة التهذيب الروحي، وخاصة ممارسة طريقة الكريا يوغا للخلاص، التي يعطيها المعلم للتلميذ. وعندما يتبع التلميذ طريقة التهذيب من خلال العمل بأمانة وانتظام وفقاً لتعاليم معلمه، فإنه بذلك يطبق القانون.

إلى جانب القانون، يجب على التلميذ أن يمارس المحبة أيضاً. ما أجمل ما كان المعلم الجليل يقول بأن الله خلق هذا العالم، وكل ما فيه مُلك له لأنه المالك لكل شيء. إلا أن الله لا يمتلك شيئاً واحداً وهو محبة أبنائه له. والخيار هو خيارنا في أن نحبه أو ننساه. وهذا جزء من الفردية التي وهبها لنا. ومع ذلك، كم هو مؤلم أن ننسى الله لأن نسياننا له يُبقينا عالقين في شِباك الوهم ومقيدين بهذا العالم –عالم الازدواجية والمعاناة الذي يبدو لنا بأنه حقيقي.

قال معلمنا إنه عندما بدأ في ممارسة الكريا، وجد حباً متعاظماً وشوقاً متزايداً لله يستيقظ في داخله – كما وجد فهماً متزايداً بأن الحب الإلهي هو الحقيقة الوحيدة في عالم الازدواجية والنسبية هذا الذي خلقته قوة الوهم الكوني مايا المنبثقة [من الله]. الكريا يوغا فعالة وكاملة جداً لأنها تجلب محبة الله – القوة الكونية التي من خلالها يجذب الله كل النفوس للعودة إليه والتوحد من جديد معه – وللعمل في حياة المريد.

هناك علم ميتافيزيقي عميق وراء ذلك. فبالقوة الاهتزازية لعقله خلق الله الكلمة الكونية، أوم، الاهتزاز الذي هو البنية

الأساسية لكل الخليقة. وبهذه القوة العظيمة أطلق الخليقة – اهتزازات كيانه الأوحد – في الفضاء وأعطاها القدرة على التعبير الفردي اللامتناهي. ولكن في الوقت نفسه قال الله: "لن أدع خليقتي تبتعد عني إلى الأبد. لن أدعها تهيم في رحاب الأبدية لتنفصل عن وعيي اللانهائي. لقد وضعتُ ذاتي في اهتزاز أوم (وبالتالي في كل شكل من تلك الأشكال المتنوعة اللامتناهية التي بزغت من تلك الاهتزازات الإبداعية الأولية) بصورة الحب – الذي هو قوة الجذب النقيضة لقوة الوهم الكوني المنبثقة من مايا. فالحب سيجعل كل الخليقة وجميع أبنائي يتذكرونني ويعترفون بي ويتعرفون عليّ."

إذاً الحب الإلهي هو القوة الكونية، القوة المغناطيسية العاملة في الخليقة، التي تحافظ على الكون من التبدد في الفوضى والاضطراب – وهو القوة التي تحافظ على دوران الكواكب والمجرات والكون نفسه في دورات منتظمة. إنها قوة التطور التي تبتدع أشكالاً من الحياة في منتهى الدقة والتناسق، مع قدرة تدريجية على إظهار وعي أعلى وأعلى. هذه القوة المغناطيسية نفسها – قوة الحب الإلهي تعمل في كل قلب بشري، بدرجات متفاوتة، اعتماداً على ما إذا كان المرء يختار الاستجابة لهذا الحب الإلهي أو تجاهله.

إن قوة الكريا يوغا تكمن في التطبيق العلمي لهذه القوانين الميتافيزيقية. لماذا نحن عالقون في هذا الوهم الكوني؟ لأن نفس قوة الخلق المنبثقة [من الخالق] والتي تعمل في الكون كله تعمل أيضاً في أشكالنا الفردية. وإذ تنجرف نفوسنا مع تلك القوة فإنها تفقد درايتها بوحدتها مع الله. لقد خُلقنا مع القدرة على العيش في

الجسد ككائنات إلهية – أرواح مخلوقة على صورة الله الكاملة. ولكن في اللحظة التي يغادر فيها وعينا عرش الروح - في الساهاسرار\ أو "اللوتس ذات الألف بتلة (ورقة)" في الدماغ – وينحدر إلى أسفل عبر الشاكرات أو الضفائر الفقرية للحياة والوعي، ينساب إلى الخارج عبر الجهاز العصبي إلى الجسد، ولا يبقى وعياً روحياً. بل يصبح الأنا، أهامكار\، المرتبطة بالحواس والجسد، والمغلفة بالوهم. في هذه الحالة يشعر الإنسان "أنا هذا الجسد. أنا أدرك من خلال هذه الحواس الخمس. أنا أستمتع وأعاني في هذا الشكل الجسدي. أنا أنجز هذا وذاك في هذا العالم؛ أنا أرغب في هذا وذاك من العالم؛ لقد حصلتُ على هذه الممتلكات التي هي لي". أنا، لي، وخاصتي – كل مشاكل الإنسان تبدأ من هذه الحالة، حالة الشعور بالأنا أو الإيغو المرتبطة بالوعي الجسدي العادي.

الكريا يوغا هي ذلك العلم الذي يقول الله من خلاله للإنسان: "إنك ترى الطريق المتجه إلى الخارج والذي علقت به في الوهم؛ والآن ها هو الطريق الذي يمكنك من خلاله أن تتحرر بالتوجه إلى الداخل". الكريا يوغا، التي تُمارس ببركة المعلم الممنوحة [للمريد] وقت الديكشا\(التكريس)، تعكس مسار القوة الاهتزازية الإبداعية المتدفقة إلى الخارج في جسده، وتأخذ وعيه مع قوة حياته إلى الداخل وإلى الأعلى عبر الشاكرات في العمود الفقري، عبر نفس المسار الذي انحدرت منه إلى الجسد والحواس، لتستقر مرة أخرى في مركز كيانه الروحي بما فيه من أحوال ومدركات إلهية لا نهاية لها.

بساطة طريق الكريا

لا يمكن في حديث قصير وصف كل هذا وصفاً كافياً. لقد كُتبت مجلدات عن تعقيدات علم اليوغا وكيف تعمل أساليب البرانایاما (التحكم في قوة الحياة) لإعادة الوعي إلى الله. وقد تستغرق قراءتها واستيعابها عمراً كاملاً أو أكثر! لكن ممارسة الكريا بسيطة للغاية. لا يتعين على المريد أن يفهم الجوانب الميتافيزيقية التي تنطوي عليها. وفي النهاية، هل نحن من ندير كون الله؟ وهل تعمل قوانين الفيزياء فقط عندما نقول لها كيف تعمل؟ بالطبع لا! فالقوانين الكونية تعمل باستمرار بمعرفتنا أو بدون معرفتنا بكيفية عملها.

إذاً عندما يمارس المريد الكريا – ولا تقتصر ممارسته فقط على تطبيق القانون الذي تنطوي عليه هذه الطريقة، بل يطبّق أيضاً الضرورة الأخرى التي تحدثتُ عنها وهي حب الله، والشوق والرغبة في الله داخل قلبه – عندئذٍ، يتم تلقائياً تفعيل المبادئ الميتافيزيقية العميقة لعلم اليوغا. ومن خلال ممارسة الكريا يوغا من أجل التحكم بقوة الحياة، "يتمغنط" العمود الفقري ويصبح التركيز داخلياً. عندما يصبح العقل مركزاً على الله، ويكون هناك إخلاص ومحبة تعبدية في القلب، ولدى ممارسة المريد لطريقة الكريا البسيطة جداً، ودون الحاجة حتى إلى معرفة الممرات الدقيقة والمعقدة التي تدور من خلالها قوة الحياة (برانا *prana*) صعوداً ونزولاً في العمود الفقري، أو معرفة كيف يمر

الوعي عبر الشاكرات (المحطات المتتالية والأكثر دقة لاهتزاز أوم الخلاق)، أو معرفة ما يحدث في العين الروحية (الكوتاستثا) – تقوم القوانين الإلهية تلقائياً بتركيز الوعي في الداخل على مذبح إدراك الله. عندما يتناغم المريد مع تلك القوة الاهتزازية العظيمة التي هي قوة محبة الله – قوة الجذب المغناطيسية في الخلق وفي كل نفس، تصبح مغناطيسية القوة الجاذبة إلى الداخل أقوى في المريد من قوة الوهم الكوني الدافعة للخارج التي نومّت المريد مغناطيسياً وجعلته يظن بأن الجسد المادي والعالم حقيقيان، مما يجعل المريد عندئذٍ قادراً على دخول حالة تواصل النفس مع الله.

السكون بعد ممارسة الكريا: العبادة الحقيقية لله

يعلمنا الكتاب المقدس: ”كفّوا [التزموا الهدوء] واعلموا أنني أنا الله“. في الهند تحدثت الكتب المقدسة عن المحبوب الإلهي على النحو التالي: ”أنا السكون الذي ما وراء كل حركة، وما وراء كل اهتزاز، وما وراء كل شكل“. عندما يصبح المريد هادئاً ومركّزاً بعمق، يدخل في تلك الحالات التي تحدث عنها بتانجالي في سوترات اليوغا *Yoga Sutras* على أنها براتياهارا ثم دهارانا حيث لا يعود العقل واعياً بالجسد ولا بأي شيء في البيئة الخارجية – متحرراً من كل العوائق والمشتتات. وعندما يأخذ المريد هذا الانتباه الداخلي المركّز ويضعه بالكامل على الله، يبلغ الحالة التي يسميها باتنجالي دهيانا أي التأمل الحقيقي. هذا يحدث كما لو أن مغناطيساً عظيماً يجذب الوعي إلى الداخل، بحيث نرتفع، على الأقل للحظات، فوق الأنا وننسى الجسد. في تلك السكينة، نبدأ بالشعور بالذات الإلهية – وندرك أننا لم ننفصل للحظة واحدة عن الروح الإلهي.

في تلك الحالة، عادةً ما يكون أول مظهر من مظاهر الله الذي نختبره هو السلام: سلام ”يفوق كل عقل“، سلام ملطّف جداً ويبعث الهدوء في النفس – تلك ليست حالة سلبية من الفراغ الذهني، بل حالة من اليقظة والإدراك الواعي. وبالنسبة للمريد الذي يواصل مناجاة الله بكل كيانه وهو في تلك الحالة من السلام

والسكون، فإن الرب يستجيب بالصورة أو المظهر الأقرب إلى قلب ذلك المريد ومطلبه وحنينه. وكما قال السيد كريشنا في الغيتا: "بأي صورة يعبدني المريد، بتلك الصورة أجيء إليه".

لا يمكننا أن نعبد الله حقاً في طقوس خارجية، أو ترانيم، أو أي شيء يحوّل انتباهنا إلى الخارج. إن البوجا الحقيقية، والياجنا الحقيقية (التضحية أو أداء الطقوس المقدسة)، هي علم الكريا يوغا حيث يقدم المريد القربان الوحيد الذي يلامس القلب الإلهي حقاً إذ يقول: "يا رب، في نار الروح التي ألمحها داخل نفسي، أُلقي للأبد كل غروري، وكل طباعي القاسية، وكل رغباتي وطموحاتي الشخصية، وكل عاداتي السيئة وعيوبي، لتحترق حتى النهاية في نار اليقظة الإلهية لروحك التي تعيش في داخلي". هذه هي العبادة الحقيقية لله، وهذه هي التضحية الحقيقية التي يتم تقديمها داخل النفس.

كيف تكون راسخًا في الله بينما تعمل في العالم

ربما يمكنني أن أنقل إليكم تأثير علم الكريا يوغا هذا بشكل أكثر ملاءمة من خلال إعطاء أمثلة على ما فعله في حياة الآخرين. الكريا يوغا، كما رأيناها متجلية في حياة معلمنا الملائكي على مدى سنوات عديدة، جعلته راسخاً على الدوام في الوعي الإلهي الداخلي. وإلى ذلك كان نشيطاً للغاية في هذا العالم من أجل الله والإنسانية، مجسّداً المثل الأعلى للرب في البهاغافاد غيتا الذي يتمثل في التأمل بالإضافة إلى النشاط الصحيح. يقول الرب: "لقد وضعتكم يا أبنائي هنا. يجب أن تكونوا وسائلي ووكلائي الإلهيين، لتجعلوا هذا العالم مكاناً أفضل، ولتحبّوا وتساعدوا بعضكم بعضاً. واجبكم الأول هو أن تبحثوا عن خلاصكم الذاتي؛ ولكن بعد أن تبدأوا في تذوق حلاوة كياني عليكم بمشاركة ذلك مع الجميع. اعملوا على رفع إخوتكم وأخواتكم الذين يعانون – أولئك الذين يعيشون في الظلمة والضلال والجهل – حتى لا يستمروا في ارتكاب الأخطاء التي تسببت في معاناتهم."

على هذا النحو كانت كل حياة المعلم الجليل: في داخله كان محباً لله (بهاكتا) مع تسليم كامل وإخلاص تام له. وفي الظاهر كان كارما يوغي، يعمل بلا كلل من أجل الجميع في هذا العالم – حتى نسمع أنا وأنتم وعدد لا يحصى من النفوس في كل البلدان رسالته هذه ونعرف أن هناك طريقة ليس لنعرف عن الله

فحسب، بل لنتواصل معه تواصلاً فعلياً.

الكريا يوغا تمكننا من تقديم خدمات أكثر بكثير من مجرد الكلمات. وكما رأينا في مثال المعلم، يبيّن هذا العلم أنه عندما نلامس كيان الله اللامتناهي في سكون التأمل، فإن شيئاً من ذلك الكيان الإلهي يصبح جزءاً منا. وعندما ينتهي التأمل ونعود إلى أداء أدوارنا الخارجية في هذا العالم، نجد أننا قد جلبنا معنا بعضاً من صفات الله الإلهية. وإذ نحصل على حكمته، نصبح أكثر قدرة على فهم معنى الحياة، وفهم الآخرين، ومعرفة طبيعة مشاكلنا في الحياة وإيجاد الحلول الصحيحة لها. وبعد أن نغترف من محبة الله، نصبح قادرين على مسامحة المسيئين إلينا. كان المعلم يقول إنه يجب مقاومة الشر في هذا العالم؛ فلا ينبغي للمرء أن يتعاون مع، أو يؤيد أي شر أو خطأ يخالف قوانين الله الإلهية. إلا أنه كان يقول: في حين تقاومون الإثم، أحبوا وسامحوا المخطئ، مدركين أنه أحد أبناء الله العالقين في الوهم والضلال. فكّروا كم سيكون رائعاً الشعور بالألفة والتعاطف والإخاء والوئام لو استطعنا جميعاً أن نتشارك في القليل من هذا الحب الإلهي. إن الكريا يوغي الحقيقي قادر على القيام بذلك، وقادر أيضاً على التزوّد بصفات الله الإلهية الأخرى؛ بما فيها، على سبيل المثال، من سكون شامل وسلام غير محدود. وكما قال المعلم إن الكريا يوغي قادر على " الوقوف بثبات وسط ارتطام العوالم المتصادمة."

الله وحده هو الذي لا يتغير. كل شيء في خليقته الخارجية التي ندركها ونختبرها يتغير باستمرار. التغيير يخيفنا ويزعجنا؛

لكن الكريايوغي الراسخ في ذلك الذي لا يتغير، قادر على القيام بواجباته ومسؤولياته في الحياة، مع الاحتفاظ بالسلام والهدوء اللذين يساعدانه على التعامل بشكل أفضل مع مشاكله ومتاعبه. ولأنه قادر على التعامل مع مشاكله الخاصة، فإنه يستطيع على نحو أفضل مساعدة الآخرين على التعامل مع مشاكلهم.

بركات الكريا في حياة تلاميذ برمهنساجي

لقد رأينا آثار الكريا يوغا ليس فقط في حياة معلمنا الإلهي، ولكن أيضاً في خلفائه الروحيين. لقد كان راجارسي جاناكانندا أحد أعظم الناجحين في الحياة المادية في الغرب. كان رئيساً لواحدة من أكبر شركات ضمان الاكتتاب في الولايات المتحدة، وكان يمتلك العديد من الشركات التجارية الأخرى. ولكن قبل أن يلتقي بالمعلم، في عام ١٩٣٢، كان وضعه الصحي سيئاً وحالته النفسية محطمة بسبب المادية والعصبية. في لقائهما الأول، كرّسه المعلم في الكريا يوغا، ومن أول ممارسة للكريا دخل راجارسي حالة السمادهي. وفي هذا الصدد قال المعلم إنه استطاع القيام بذلك لأنه كان يوغياً في حياته السابقة وجمع بالفعل الكثير من الكارما الطيبة. لكنه لم يترك العالم. وقال المعلم إن دور راجارسي، مثلما أثبتَ لاهيري مهاسايا في الهند، هو أن يكون في العالم ولكن ليس منه، لإظهار التأثير الذي يمكن أن تحدثه الكريافي أولئك الذين يضطلعون بمسؤوليات دنيوية كأرباب بيوت.

أثناء أدائه واجباته في مدينة كانساس، وكلما كان يجد متسعاً من الوقت، كان يأتي إلى صومعة المعلم في إنسينيتاس على شاطئ المحيط الهادئ. هناك كنا نرى راجارسي لساعات جالساً تحت أشعة الشمس في أشد الأجواء حرارة، أو أحياناً يجلس هناك عندما يبدأ المطر بالانهمار، ويستغرق في غبطة السمادهي.

كان يحب أن يسبح في المحيط، ويتخذ وضعية الماتسياسانا – "السمكة" التي يستلقي فيها المرء على ظهره في وضعية اللوتس. كنا نراه هناك يطفو على الأمواج كالفلينة وهو في حالة السمادهي لساعات في كل مرة. وكان ينقل ذلك التواصل الروحي إلى جميع واجباته.[٥]

خلال تلك السنوات رأينا أيضاً أن المعلم الإلهي قد أولى عناية خاصة بـ شري دايا ماتا، التي جاءت إليه في عام ١٩٣١، عندما كان عمرها سبعة عشر عاماً فقط. وقال إنه حتى ذلك الوقت كان يفكر: "يا رب، أين هم أولئك التلاميذ الذين يمكنني أن أغرس فيهم هذا العمل حقاً، والذين سيعملون على استمراريته ويحتفظون به نقياً، كما وعدتُ معلمي؟" وقال أيضاً إنه عندما جاءت دايا ماتاجي لأول مرة، "رأيت أنها هي التي اختارها الله". وقد أخبرتنا أن المعلم الجليل قال لها ذات مرة: "إذا لم تمارسي شيئاً سوى الكريافي هذه الحياة، فستصلين إلى الهدف الأسمى". ومن خلال تفانيها المطلق وإخلاصها التام للمعلم وممارستها لتعاليمه – تعاليم الكريا يوغا – فقد ألهمت حياتها وحبها الإلهي الآلاف في جميع أنحاء العالم، على مدى عقود من قيادتها لعمله.[٦]

٥ كان راجارسي جاناكانندا أحد تلاميذ برمهنسا يوغانندا المحبوبين والمبجلين، وأول خليفة له كرئيس لـ Self-Realization Fellowship وقد شغل هذا المنصب من عام ١٩٥٢ حتى وفاته في عام ١٩٥٥.

٦ توفيت شري دايا ماتا في ٣٠ نوفمبر/تشرين الثاني ٢٠١٠، بعد أن شغلت منصب رئيسة SRF/YSS لأكثر من ٥٥ عاماً.

بركة الكريا يوغا للعالم

تلك هي بركات الكريا يوغا! فهي حقاً تحوّل كل من يمارسها بأمانة وإخلاص إلى أبناء إلهيين للأم الإلهية المحبوبة، قادرين على مشاركة البشرية جمعاء في السلام والتفاهم والمحبة غير المشروطة. لا تقتضي إرادة الله أن يقتصر وصول البشر إليه عن طريق عدد قليل لا غير من القديسين الذين يأتون بين الحين والآخر كاستثناءات. فمن خلال رسالة الكريا يوغا التي قدمها المعلم الإلهي ومعلميه، يقول الله: "أنتم جميعاً أبناء إلهيون. إنه امتياز مقدس لكم وواجب عليكم أن تتبعوا علم الروح لتتمكنوا من استعادة إدراككم لوحدتكم معي.". من خلال الاتصال بالله في التأمل، يجب على كل واحد منكم أن يجلب الله إلى حياته وكيانه ووعيه، حتى تتغيروا روحياً — بحيث يتم إبعاد الظلمة عن وعيكم. إذا انطفأت الكهرباء، لا يكفي أن يشعل واحد أو اثنان فقط في هذه القاعة الكبيرة عود ثقاب. ولكن إذا أشعل كل واحد عود ثقاب صغير، تصبح القاعة بأكملها مضيئة. وهكذا، عندما يتألق علم الكريا يوغا في العديد من القلوب في جميع أنحاء هذا العالم، فإن نوره سيبدد ظلمة الوهم وتثبيط العزائم في كل مكان.

نبذة عن المؤلفة

كانت شري مريناليني ماتا واحدة من أولئك الذين تم تدريبهم واختيارهم شخصياً من قبل برمهنسا يوغانندا لمواصلة أهداف مؤسسته بعد انتقاله من هذا العالم. و كانت الرئيسة والقائدة الروحية لـ Self-Realization Fellowship[1]/ Yogoda Satsanga/ Society في الهند من عام ٢٠١١حتى وفاتها في عام ٢٠١٧، وقد كرّست أكثر من ٧٠عاماً من عمرها لخدمة عمل برمهنسا يوغانندا بإيثار وإخلاص.

في عام ١٩٤٥، وفي معبد Self-Realization Fellowship في سان دييغو ، قابلت الفتاة التي سيصبح اسمها في المستقبل مريناليني ماتا لأول مرة برمهنسا يوغانندا. كانت آنذاك في الرابعة عشرة من عمرها. وبعد بضعة أشهر فقط، تحققت رغبتها في تكريس حياتها للبحث عن الله وخدمته عندما دخلت، بإذن من والديها، صومعة شري يوغانندا في إنسينيتاس، كاليفورنيا، كراهبة في Self-Realization Fellowship.

إبّان السنوات التي تلت ذلك، ومن خلال تواصلها اليومي مع المعلم (حتى وقت رحيله عن هذا العالم في عام ٢٥٩١)، اهتمَ برمهنساجي اهتماماً وثيقًا بالتدريب الروحي لهذه الراهبة

١ (جماعة معرفة الذات) لقد أوضح برمهنسا يوغانندا أن اسم Self-Realization Fellowship يعني «صحبة الله عن طريق معرفة الذات، ومصادقة جميع النفوس الباحثة عن الحقيقة.»

الشابة. (التي أكملت تعليمها الرسمي في المدارس المحلية). ومنذ بداية حياتها في الصومعة، أدرك المعلم دورها المستقبلي وتحدث بصراحة مع تلاميذ آخرين عن ذلك الدور ودرّبها شخصياً على إعداد كتاباته وأحاديثه للنشر بعد رحيله.

عملت مريناليني ماتا (التي يشير اسمها إلى زهرة اللوتس، التي تُعتبر تقليدياً في الهند رمزاً للنقاء والتفتح الروحي) لسنوات عديدة كرئيسة تحرير كتب ودروس ودوريات Self-Realization Fellowship. ومن بين الأعمال التي تم نشرها نتيجة لجهودها تفسير برمهنسا يوغانندا البارع للأناجيل الأربعة *The Second Coming of Christ: The Resurrection of the Christ Within You*؛ وترجمته لكتاب البهاغافاد غيتا وتعليقاته عليه التي نالت استحساناً كبيراً *The Bhagavad Gita: God Talks With Arjuna*؛ بالإضافة إلى عدة مجلدات من أشعاره وكتاباته الملهمة؛ ومختارات مطولة من أحاديثه ومقالاته.

تسجيلات صوتية لأحاديث مريناليني ماتا

(باللغة الإنكليزية فقط)

Living in Attunement With the Divine

Look Always to the Light

The Guru: Messenger of Truth

If You Would Know the Guru:
Remembrances of Life With Paramahansa Yogananda

The Interior Life

The Yoga Sadhana That Brings God's Love and Bliss

Guided Meditation for Christmastime

نبذة عن برمهنسا يوغانندا
(١٨٩٣_١٩٥٢)

إن المثل الأعلى لمحبة الله وخدمة الإنسانية وجد تعبيراً كاملاً في حياة برمهنسا يوغانندا... ومع أنه صرف القسم الأكبر من حياته خارج الهند، لازال يحتفظ بمكانه بين عظماء قديسينا. فعمله يستمر بالنمو ويزداد تألقاً، ويجتذب الناس من كل مكان للانضمام إلى مسيرة الروح."

– من شهادة لحكومة الهند عند إصدارها طابعاً بريدياً تذكارياً تكريماً لبرمهنسا يوغانندا بمناسبة الذكرى السنوية الخامسة والعشرين لرحيلة.

وُلد برمهنسا يوغانندا في ٥ يناير/كانون الثاني ١٨٩٣ في الهند وكرّس حياته لمساعدة الناس من كل الأجناس والمعتقدات لمعرفة ما تحويه نفس الإنسان من جمال وسمو وقداسة حقيقية وإظهار ذلك على نحو أكمل في حياتهم.

بعد تخرجه من جامعة كلكتا في عام ١٩١٥، اتخذ نذوراً رسمية كراهب في سلك السوامي المبجل في الهند. وبعد ذلك بسنتين بدأ عمل حياته بتأسيس مدرسة "فن الحياة المتوازنة" – والتي تطورت منذ ذلك الحين إلى واحد وعشرين معهداً تربوياً في جميع أنحاء الهند – حيث يتم تقديم المواد الأكاديمية التقليدية جنباً إلى جنب مع تدريب اليوغا وتلقين المثل والمبادئ

الروحية. في عام ١٩٢٠ تلقى دعوة ليمثّل الهند في مؤتمر عالمي للمتدينين الأحرار في بوسطن بالولايات المتحدة. وقد لاقت كلمته الافتتاحية ومحاضراته اللاحقة في الساحل الشرقي استقبالاً مفعماً بالحماس. وفي عام ١٩٢٤ بدأ جولة محاضرات عبر القارة.

وعلى مدى الثلاثة عقود التالية ساهم برمهنسا يوغانندا بطرق بعيدة الأثر في تقدير الغرب ودرايته المتزايدة لحكمة الشرق الروحية. ففي لوس أنجلوس، أسس المقر العالمي لـ Self-Realization Fellowship – وهي جماعة دينية لاطائفية أسسها في عام ١٩٢٠. ومن خلال كتاباته وجولات محاضراته المكثفة، واستحداث العديد من المعابد ومراكز التأمل التابعة إلى Self-Realization Fellowship، فقد جعل علم وفلسفة اليوغا وأساليبها التأملية القابلة للتطبيق عالمياً في متناول آلاف الباحثين عن الحقيقة.

اليوم، يتواصل العمل الروحي والإنساني الذي بدأه برمهنسا يوغانندا بإشراف وتوجيه الأخ تشيدانندا رئيس Self-Realization Fellowship/ Yogoda Satsanga Society of India. وبالإضافة لنشر كتاباته ومحاضراته وأحاديثه غير الرسمية (بما في ذلك سلسلة من الدروس الشاملة للدراسة المنزلية)، تشرف الجماعة أيضاً على المعابد والخلوات والمراكز حول العالم، فضلاً عن نظام معرفة الذات الرهباني ودائرة الصلاة العالمية.

في مقال عن حياة وعمل شري يوغانندا، كتب أستاذ اللغات القديمة في كلية سكريبس الدكتور كوينسي هاو الابن ما يلي: "لم يقتصر ما جلبه برمهنسا يوغانندا للغرب على وعد الهند

الراسخ بمعرفة الله، بل جلب أيضاً أسلوباً عملياً يمكن من خلاله للطامحين الروحيين من كل مناحي الحياة أن يتقدموا بسرعة نحو ذلك الهدف. إن تراث الهند الذي لاقى في الأصل تقديراً في الغرب على أكثر المستويات سمواً وتجريداً، أصبح الآن متاحاً كممارسة وتجربة لكل من يطمح للتعرف على الله، ليس في العالم الآخر، بل هنا والآن... إذ وضع يوغانندا في متناول الجميع أعظم طرق التأمل وأسماها."

إن حياة وتعاليم برمهنسا يوغانندا موصوفة في كتابه مذكرات يوغي *Autobiography of a Yogi*، وفي أكتوبر/تشرين الأول ٢٠١٤ تم إصدار فيلم استيقظ: حياة يوغانندا *Awake: The Life of Yogananda* وهو فيلم وثائقي حائز على جوائز يتناول حياة وعمل برمهنسا يوغانندا.

كتب باللغة العربية من تأليف برمهنسا يوغانندا

منشورات عربية من
Self-Realization Fellowship
متوفرة على الموقع الإلكتروني
www.srfbooks.org
أو غيره من مكتبات بيع الكتب عبر الإنترنت

كيف يمكنك محادثة الله

يُعرّف برمهنسا يوغانندا الله بأنه الروح الكوني الفائق والأب، والأم، والصديق الشخصي المحب والقريب من الجميع، ويبيّن مدى قرب الرب من كل واحد منا، وكيف يمكن إقناعه بأن "يكسر صمته" ويستجيب بطريقة محسوسة.

توكيدات شفاء علمية

في هذا الكتاب الذي يشتمل على مجموعة واسعة من التوكيدات يقدم برمهنسا يوغانندا شرحاً عميقاً للأسس العلمية للتوكيد. ويشرح طريقة عمل التوكيدات، وكيف يمكن استخدام قوة الكلمة والفكر ليس فقط لاستجلاب الشفاء، ولكن أيضاً لإحداث التغيير المرغوب في كل مجال من مجالات الحياة.

تأملات ميتافيزيقية

أكثر من ٣٠٠ من التأملات والصلوات والتوكيدات الروحية التي تلهم الفكر وتسمو به، والتي يمكن استخدامها لتنمية قدر أكبر من الصحة، والحيوية، والإبداع، والثقة بالنفس، والهدوء؛ وللعيش بدراية أكبر بحضور الله الذي يغمر النفس بالغبطة والابتهاج.

عِلم الدين

في هذا الكتاب، يبين برمهنسا يوغانندا أن داخل كل إنسان توجد رغبة حتمية لا مفر منها وهي التغلب على المعاناة والحصول على سعادة لا انتهاء لها. وإذ يشرح كيف يمكن تحقيق هذه الأشواق، فإنه يتناول بدقة الفعالية النسبية للمقاربات المختلفة لتحقيق هذا الهدف.

قانون النجاح

يشرح المبادئ الديناميكية لتحقيق أهداف المرء في الحياة، ويحدد القوانين الكونية التي تحقق النجاح وتجلب الرضا – على المستوى الشخصي والمهني والروحي.

همسات من الأبدية

مجموعة من صلوات برمهنسا يوغانندا واختباراته الإلهية في حالات التأمل السامية. إن كلماته المدونة بجمال شعري وإيقاع رائع تظهر تنوعاً لا ينفد لطبيعة الله والعذوبة اللامتناهية التي يستجيب بها لمن يبحثون عنه.

مأثورات برمهنسا يوغانندا

مجموعة من الأقوال والمشورة الحكيمة التي تنقل ردود برمهنسا يوغانندا الصريحة والمفعمة بالمحبة لأولئك الذين قصدوه التماساً للتوجيه والإرشاد. المأثورات في هذا الكتاب، التي تم تدوينها بواسطة عدد من تلاميذه المقربين، تتيح للقارئ فرصة المشاركة في لقاءاتهم مع المعلم.

حيثما يوجد النور

يوفر هذا الكتاب الزاخر بالحكمة المستقاة من مقتطفات مختارة من كتابات ومحاضرات برمهنسا يوغانندا، مؤلف كتاب مذكرات يوغي، ثروة من الإرشادات العملية والإلهام لكل من يسعى إلى مزيد من الانسجام والتوازن الروحي.

العيش بجرأة وبدون خوف

يعلمنا كتاب العيش بجرأة وبدون خوف كيف نكسر قيود الخوف ويبيّن لنا كيف يمكننا التغلب على عوائقنا النفسية. هذا الكتاب الموجز فيه قدر كبير من الإرشادات التي تغير الحياة [نحو الأفضل] ومن أساليب اليوغا التي أثبتت فعاليتها في التغلب على الخوف.

لكي تنتصر في الحياة

في هذا الكتاب الفعّال يوضح برمهنسا يوغانندا كيف يمكننا تحقيق أسمى أهداف الحياة من خلال إبراز الإمكانات غير المحدودة التي في داخلنا. ويقدم لنا نصائح عملية لتحقيق النجاح، ويمنح طرقاً محددة لخلق سعادة دائمة، ويوضح كيفية التغلب على السلبية والقصور الذاتي من خلال استخدام القوة الديناميكية لإرادتنا.

لماذا يسمح الله بالشر وكيف يمكن تجاوزه

لقد سعى الفلاسفة وعلماء الدين في جميع أنحاء العالم للإجابة على السؤال: لماذا يسمح الله المحب بالشر؟ في هذه الصفحات، يقدّم برمهنسا يوغانندا القدرة على التحمل والعزاء في أوقات الشدائد من خلال شرح أسرار الدراما الإلهية. سيتمكن القرّاء من معرفة سبب الطبيعة الثنائية للخلق – التفاعل الإلهي بين الخير والشر – وسيحصلون على إرشادات حول كيفية تجاوز أصعب الظروف وأكثرها تحدياً.

في محراب الروح

قد نتساءل في كثير من الأحيان: "هل صلاتي فعالة؟ وهل يستجيب لي الله؟" يقدم هذا الكتاب الملهم حكمة وومضات تنويرية مختارة من كتابات برمهنسا يوغانندا. كما يتطرق إلى الطرق التي يمكننا من خلالها تعميق قوة صلواتنا وجعلها مصدراً يومياً للحب والعزيمة والإرشاد. إنه دليل روحي مصمم على نحو جميل لإلهام أتباع جميع الأديان.

السلام الداخلي

لكل من يشعرون بأن التوتر والعصبية حقيقة لا مفر منها في الحياة الحديثة، يذكّرنا برمهنساجي بأن في داخل كل واحد منا مركز من السلام يمكننا أن نتعلم كيفية الوصول إلية كلما أردنا.

كتب باللغة الإنكليزية لبرمهنسا يوغانندا

Autobiography of a Yogi

God Talks With Arjuna: The Bhagavad Gita
— *A New Translation and Commentary*

**The Second Coming of Christ:
The Resurrection of the Christ Within You**
— *A Revelatory Commentary on the Original Teachings of Jesus*

The Yoga of the Bhagavad Gita

The Yoga of Jesus

The Collected Talks and Essays
Volume I: Man's Eternal Quest
Volume II: The Divine Romance
Volume III: Journey to Self-realization
Volume IV: Solving the Mystery of Life

**Wine of the Mystic:
The Rubaiyat of Omar Khayyam**
— *A Spiritual Interpretation*

Songs of the Soul

Whispers from Eternity

Scientific Healing Affirmations

In the Sanctuary of the Soul:
A Guide to Effective Prayer

The Science of Religion

Metaphysical Meditations

Where There Is Light
—Insight and Inspiration for Meeting Life's Challenges

Sayings of Paramahansa Yogananda

Inner Peace:
How to Be Calmly Active and Actively Calm

Living Fearlessly
—Bringing Out Your Inner Soul Strength

The Law of Success

How You Can Talk With God

Why God Permits Evil and How to Rise Above It

To Be Victorious in Life

Cosmic Chants

تسجيلات برمهنسا يوغانندا الصوتية

Beholding the One in All

The Great Light of God

Songs of My Heart

To Make Heaven on Earth

Removing All Sorrow and Suffering

Follow the Path of Christ, Krishna, and the Masters

Awake in the Cosmic Dream

Be a Smile Millionaire

One Life Versus Reincarnation

In the Glory of the Spirit

Self-Realization: The Inner and the Outer Path

منشورات أخرى من
Self-Realization Fellowship

ادخل إلى القلب الهادئ

في هذا الكتاب الذي يتسم بالدفء والحنان، توضّح معلمة روحية محبوبة [شري دايا ماتا] كيف يمكن لكل واحد منا أن يؤسس علاقة حميمة وغنية مع الله – من خلال جعل وعينا بالله ضمن نسيج حياتنا اليومية.

العلاقة بين المعلم الروحي والمريد

كتيّب العلاقة بين المعلم الروحي والمريد [لـ شري مريناليني ماتا] هو واحد من سلسلة كتيبات الجيب حول تعاليم برمهنسا يوغانندا، مؤلف كتاب مذكرات يوغي *Autobiography of a Yogi*. تقدم هذه الأحاديث والمقالات غير الرسمية إرشادات ملهمة وعملية تساعدنا على أن نعيش حياة منسجمة روحياً – حياة تسودها النعمة الإلهية، والبساطة، والاتزان الداخلي، ورباطة الجأش في مواجهة تناقضات الحياة الظاهرة. وقبل كل شيء أن نعيش بفرح، مطمئنين لمعرفتنا بأننا في كل لحظة في أحضان القوة الإلهية الرؤوفة الشفوقة.

البصيرة: إرشاد الروح لاتخاذ قرارات الحياة

سواء كنا مهتمين بخيارات تتعلق بعلاقاتنا أو حياتنا المهنية أو نمونا الروحي، أو كنا نواجه مشكلة تبدو غير قابلة للحل، فإن البصيرة هي إحدى أكثر الطرق فعالية للتغلب على التحدي الذي يواجهنا. في كتاب البصيرة: إرشاد الروح لاتخاذ قرارات

الحياة تشارك شري دايا ماتا الحكمة التي لا تقدر بثمن التي تلقتها من برمهنسا يوغاننداحول هذا الجانب الأكثر أهمية من الحياة الروحية.

The Holy Science
— Swami Sri Yukteswar

Only Love:
Living the Spiritual Life in a Changing World
— Sri Daya Mata

Finding the Joy Within You:
Personal Counsel for God-Centered Living
— Sri Daya Mata

Intuition:
Soul Guidance for Life's Decisions
— Sri Daya Mata

God Alone:
The Life and Letters of a Saint
— Sri Gyanamata

"Mejda":
*The Family and the Early Life of
Paramahansa Yogananda*
— Sananda Lal Ghosh

Self-Realization

(مجلة أسسها برمهنسا يوغانندا في عام ١٩٢٥)

دي في دي فيديو

Awake: The Life of Yogananda

فيلم من إنتاج شركة أفلام كاونتربوينت

يتوفر كتالوج كامل يحتوي على كتب وتسجيلات فيديو/ تسجيلات صوتية – بما في ذلك تسجيلات أرشيفية نادرة لبرمهنسا يوغانندا – على الموقع الإلكتروني:

www.srfbooks.org

حزمة تقديمية مجانية

الطريقة العلمية للتأمل التي علّمها برمهنسا يوغانندا، بما في ذلك كريا يوغا – إلى جانب توجيهاته بخصوص كافة جوانب العيش الروحي المتزن – يتم تلقينها في دروس Self-Realization Fellowship. يرجى زيارة الموقع الإلكتروني www.srflessons.org وطلب حزمة معلومات مجانية شاملة عن الدروس.

Self-Realization Fellowship
3880 San Rafael Avenue • Los Angeles, CA 90065-3219
Tel +1(323) 225-2471 • Fax +1(323) 225-5088
www.yogananda.org